TU VERDADERO YO
CREE EN TU VERDADERA IDENTIDAD

LINDA BREITMAN
FOREWORDS BY GRAHAM COOKE & BILL YOUNT

Publicado por Linda Breitman Ministries
© 2023 por Linda Breitman
Traducción a español: María Terreros
mariaterrerosinterpreter@gmail.com

A menos que se indique lo contrario, todas las citas bíblicas fueron tomadas de:
La Santa Biblia, Nueva Versión Internacional®, NIV®.
Copyright © 1973, 1978, 1984, 2011 por Bíblica, Inc.™ Usado con permiso
de Zondervan. Reservados todos los derechos en todo el mundo. La "NIV"
y la "Nueva Versión Internacional" son marcas registradas en la Oficina de
Marcas y Patentes de los Estados Unidos por parte de Bíblica, Inc.™

Las citas bíblicas adicionales corresponden a:
La Biblia Amplificada (AMP), Copyright © 1954, 1958, 1962, 1964,
1965, 1987 de The Lockman Foundation. Usada con autorización.
La Biblia New American Standard®,
Copyright © 1960, 1962, 1963, 1968, 1971, 1972, 1973,1975, 1977,
1995 por The Lockman Foundation Usada con autorización.
A la New King James Version®. Copyright © 1982 de Thomas Nelson,
Inc. Usada con permiso. Reservados todos los derechos.
Reina-Valera 1960 ® © Sociedades Bíblicas en América Latina, 1960.
Renovado © Sociedades Bíblicas Unidas, 1988. Utilizada con permiso.
La Santa Biblia, Versión Estándar en Inglés (ESV)
Una adaptación de la Versión Estándar Revisada de la Biblia, copyright
División de Educación Cristiana del Consejo Nacional de las Iglesias
de Cristo en los EE. UU. Todos los derechos reservados.
Impreso en los Estados Unidos de América

TODOS LOS DERECHOS RESERVADOS
No se puede reproducir ninguna parte de esta publicación, ni tampoco
se puede copiar ni almacenar en ningún formato. Queda prohibida
su transmisión de cualquier manera y por cualquier medio
-electrónico, mecánico, de fotocopiado, grabación u otros-, sin
autorización previa y escrita por parte de la autora.

Para mayor información:
Linda Breitman Ministries
lindabreitman.com

DEDICATORIA

Le dedico este libro a mi amada madre,
quien siempre creyó en mí.

También le dedico este libro a mi maravilloso esposo, —el Rey Pavo— ¡quien vive ahora en el Cielo! ¡Te amo! ¡Cuac!

AGRADECIMIENTOS

Me gustaría agradecerle a Lauren Gallaway por supervisar todo el proyecto de *Tu Verdadero Yo*. Tus grandes ideas y arduo trabajo han sido invaluables. Has superado muchos desafíos y siempre tienes una actitud positiva. No solo portas el favor de Dios, sino también su gozo. Hemos estado juntas en esta travesía emocionante, y cada día la diversión es mayor. ¡En muchas ocasiones sentí que habíamos llegado hasta donde no había arribado ningún hombre antes! ¡Hurra!

Estoy agradecida por todas las horas que mi querido esposo Les invirtió en la edición de esta obra. Eras brillante. ¡Me haces quedar bien! ¡Cuac!

Joanne Stroud, gracias por interceder de manera constante por este proyecto. Tú has perseverado conmigo durante los últimos años y por fin me ayudaste a dar a luz a este bebé. Estoy profundamente agradecida contigo por la manera en que me impartiste sabiduría y aliento.

Debra Hogervorst, eres una talentosa directora, productora, directora de fotografía y editora. Te agradezco por tu creatividad y dedicación. Los videos didácticos quedaron fantásticos, muy realistas y auténticos. Valoro mucho nuestra amistad.

Kat Flippin, gracias por tu investigación tan exhaustiva, por la corrección de los manuscritos de prueba y por manejar tantos detalles. Eres una dulzura.

Gracias a todos los que oraron por mí, me alentaron y me apoyaron de alguna manera: John y Judy Ross, Nate Firth, Steven Anderson, Jim y Julia Pinzenscham, Tom McGurin, Mike Hubbard, Annette Moreno, Aaron Jayne, Bob Cathers y Bill Yount. Quiero agradecerles también a las chicas, a mis bellas hijas espirituales. Ustedes han sido una inspiración para mí. Todos los años que hemos estado juntas formaron a cabalidad esta revelación acerca de la identidad. Quisiera agradecerle a muchos más. He sido bendecida con muchos amigos increíbles. Gracias a todos.

COMENTARIOS SOBRE TU VERDADERO YO

El cambio no comenzará a tu alrededor, hasta que en tu interior puede notarse e identificarse. Tu mente es el lugar de nacimiento de tus sentimientos, tu función y tus realidades futuras. En este magnífico libro, Linda Breitman abre la puerta para que tu vida se llene de milagros ilimitados al comenzar a comprender tu nueva identidad en Cristo. Paso a paso, emprenderás una travesía hacia una comprensión profunda de los pensamientos buenos y sobrecogedores que Dios tiene sobre ti. Cuando te hayas saturado de la riqueza de la revelación que se encuentra en las páginas de esta joya, podrás tener la certeza sin sombra de duda de que eres aceptado, valorado y escogido por Dios. Este libro te ayudará a generar un cambio de paradigma en tu mente, el cual se desbordará sobre tu vida. Prepárate para recibir el cambio por el que has orado... ¡Lee este libro y serás bendecido!

Joshua Mills
Conferencista internacional y autor del éxito en ventas "31 Days To a Miracle Mindset"
Vancouver, BC, Canadá
www.JoshuaMills.com

Como creyentes comprados con sangre y llenos del Espíritu, nosotros tenemos el mandato de desatar el Reino de los Cielos en el ámbito terrenal —liberando milagros, prosperidad, restauración de familias e impartiendo los planos del cielo—. Nosotros somos las "puertas" y las "salidas" de lo sobrenatural, somos los conductos a través de los cuales el cielo toca la tierra. Sin embargo, algunas personas que tienen la experiencia de nacer de nuevo, no ven que los senderos y facultades mentales se abran de manera completa para contemplar la realidad de lo sobrenatural proveniente de la renovación de la mente, y de vivir a partir de nuestra nueva identidad celestial. En este libro, Linda Breitman no solo desata la verdad acerca de tu nueva naturaleza en Cristo, sino que proporciona ejercicios de activación de alto nivel que están basados en la Palabra de Dios, para renovar tu mente permitiendo que lo sobrenatural fluya, a medida que comienzas a vivir como tu verdadero yo. Léelo. Ponlo en práctica. Vívelo.

Jeff Jansen
Fundador de Global Fire Ministries International
Iglesia Global Fire & World Miracle Center
Kingdom Life Institute
Autor de *Glory Rising* & *Furious Sound of Glory*
www.globalfireministries.com

Estos son días de consumación, plenitud y cosecha. Es claro que todas las semillas sembradas en la tierra están madurando de forma simultánea. Los hijos del Reino deben responder ante este llamado, comprendiendo quiénes son en Cristo y el potencial que Él nos imparte. A medida que aprendamos a adoptar una postura en perfecta alineación con el cielo, el fluir de la naturaleza del Señor y de su capacidad encontrarán su lugar de descanso en nosotros. Linda Breitman captura la esencia de ese mandato y proporciona herramientas increíbles para ayudarnos a cumplir con nuestro destino y propósito. Las verdades bíblicas y la forma práctica de aplicar que descubrirás en este libro son invaluables para tu búsqueda del Señor y de tu destino personal. Por esta razón le recomiendo *Tu Verdadero Yo: Cree en Tu Verdadera Identidad*, a cualquier creyente que esté hambriento de Dios y de la plenitud de sus propósitos.

Pablo Keith Davis
Ministerios WhiteDove

El libro de Linda nos ayuda a escuchar las cintas magnéticas internas correctas sobre quiénes somos en realidad y acerca de cuál es el destino de Dios para nosotros. Tú no podrás sentirte cómodo nunca contigo mismo, a menos que te des cuenta de cómo te ha hecho Dios, cuáles son tus dones, tu pasión y tu diseño. Este libro es fundamental para dicho proceso. Léelo, revísalo y observa la manera en que tu crisis de identidad queda al descubierto, mientras tu verdadero yo se pone de pie.

Gary Goodell
Third Day Churches, Inc.
Autor de "Permission Granted To Do Church Differently in the 21st Century" y de "¿Where Would Jesus Lead?"

Linda Breitman es amiga, líder y mentora de muchas personas. Tiene toda una vida de experiencia en el ámbito de la identidad. Este esperado libro contribuirá en gran medida con el área relevante de conocer nuestra identidad en Cristo. Mientras lees este material, por fin podrá salir a la superficie tu verdadero yo.

Jonathan Welton
Autor de *Éxito en Ventas* y director de The Welton Academy

Las escuelas ministeriales, los líderes y los maestros de estudios bíblicos, ¡todos ellos necesitan este libro! ¡Es un transformador de la identidad! La gente quiere operar en lo sobrenatural, pero las fortalezas mentales la detienen en seco. El diálogo interno negativo sabotea a las personas, en especial a los jóvenes apasionados por Dios. Yo conozco a Linda desde hace veinticinco años y como pastor principal de un centro de formación apostólica, recomiendo mucho su ministerio. Ella es muy profética y dotada. *Tu Yo Verdadero* es una guía de entrenamiento de identidad efectiva.

John Ross
Pastor principal y líder apostólico de Cloud Nine Worship Center
San Diego, California

CONTENTS

PRÓLOGOS xiii
INTRODUCCIÓN xix

CHAPTER 1   ALINEA TUS PENSAMIENTOS CON EL CIELO 1
CHAPTER 2   TU NUEVA IDENTIDAD 17
CHAPTER 3   TRANSFORMADO A SU SEMEJANZA 31
CHAPTER 4   COMPLETAMENTE ACEPTADO Y MUY VALORADO 45
CHAPTER 5   PERDONADO POR COMPLETO 59
CHAPTER 6   UN CORAZÓN SANO Y RESTAURADO 73
CHAPTER 7   CUBIERTO DE JUSTICIA 85
CHAPTER 8   AMADO DE MANERA EXTRAVAGANTE 97
CHAPTER 9   PODER Y AUTORIDAD 109
CHAPTER 10   CREADO PARA VENCER 123

DIOS TE VE AHORA MISMO DE ESTAS 31 MANERAS 135
ACERCA DE LINDA 139
NOTAS FINALES 141

PRÓLOGOS

La transformación está fundamentada en nuestra identidad en Jesús, —no en nuestro comportamiento que siempre cambia—, y se produce a medida que el proceso de refinamiento y las mejoras consiguientes le imparten a nuestra relación con el Señor verdad y una vida más profunda. La identidad nos proporciona una base sólida para explorar la plenitud de la intención y el afecto de Dios por nosotros en Cristo Jesús. Estamos aprendiendo a ser sobrecogidos por Su bondad y amabilidad, las cuales nos honran con la belleza de aquel que Dios quiere ser para nosotros, en cualquier situación que se presente.

Cuando nos enfrentamos a la elegancia pura del amor de Dios, es normal que queramos saber de qué manera nos percibe Él y qué piensa sobre nosotros a nivel personal. Nosotros somos un nuevo hombre en Cristo. ¡Esa es nuestra identidad! No somos el viejo hombre pecaminoso que ha sido eliminado en la cruz de Jesús. Él no solo murió por nosotros, sino que murió como nosotros de forma maravillosa y providencial; conduciéndonos así a una nueva vida (Romanos 6:4) donde aprendemos a estar ocupados por Dios (totalmente vivos), como hijos amados que se están convirtiendo en hijos completamente maduros en la fe. ¡Vaya aventura! Nuestra historia y nuestra travesía se transforman cuando aprendemos de qué manera somos amados y vistos por el Padre.

Muchos creyentes quieren algo nuevo pero piensan de manera añeja. Otros están atrapados por un sistema religioso que se especializa en el viejo hombre; están obsesionados con el pecado y predican la modificación del comportamiento en un programa de autoayuda un poco extraño, que solo puede producir un estilo de vida presente del pasado, y que es inherentemente agotador e impotente.

Nuestro ADN en Cristo tiene un gen asociado gracias a Su maravillosa relación con el Espíritu Santo. Nosotros somos hechos a Su imagen porque nuestro Ayudador en Dios, el incomparable Espíritu Santo, se deleita en tomar todo lo que pertenece a Jesús, y hacerlo realidad para nosotros en la vida diaria (Juan 16). El Espíritu entra en nuestros puntos débiles de manera muy oportuna e intencional para apoyarnos en el proceso de volvernos cada vez en personas más seguras y maduras en nuestra relación con el Padre (Romanos 8:26-28).

Del libro de Linda, me encanta el elemento de posicionarse. Me recuerda mucho el gozo absoluto que tiene el Espíritu Santo al posarse en los eventos de nuestra vida. ¡Si estamos en Cristo, entonces todas nuestras circunstancias también lo están! Si no podemos separarnos del amor de Dios (Romanos 8:33-39), nuestras circunstancias nunca podrán separarse de la intención de Dios hacia nosotros. Postrarse ante Él en la Palabra es una parte sólida de nuestro aprendizaje para permanecer en Jesús.

¡El único país que los cristianos tienen por descubrir y explorar es el que corresponde al territorio que está entre sus oídos! Aprender a pensar con la mente de Cristo es vital. Ser renovados en el espíritu de nuestra mente es esencial (Efesios 4:20-24). Aprender a evaluar de manera espiritual (1 Corintios 2:12-16) nuestras áreas de dificultad y situaciones problemáticas es parte de nuestro camino gozoso en Cristo (Santiago 1:2-5; 1 Tesalonicenses 5:16-18).

Dios no pone nuestra atención en nuestro comportamiento ya que el viejo hombre está muerto. Él nos enfoca en nuestra identidad en Cristo como hombres libres (Romanos 6:7; Gálatas 2:20). Jesús dijo, "Mis ovejas oyen Mi voz"; por lo tanto, en todas las áreas de nuestras vidas debemos descubrir y acoger esas palabras que el Señor nos habla de manera constructiva. Si esa no es nuestra práctica habitual, en momentos críticos usaremos palabras de destrucción. ¿Quién y qué nos edifica, y quién/qué nos derriba? Escoge con sabiduría.

Hacernos cargo de nuestra vida mental es vital y también es importante aprender a examinar los asuntos de la vida dentro del contexto de lo que Dios quiere ser para ti en este momento. Allí es donde cobra valor el libro de Linda. *Tu Verdadero Yo* nos proporciona claves preciosas que nos capacitan para descubrir la mente del Señor. Aprendemos la manera en que su pensamiento dominante puede gobernar las áreas de nuestra vida, haciéndonos vulnerables a su bondad y amabilidad.

Si pensamos de manera negativa, nos volveremos negativos. No obstante, la vida en Cristo tiene mucho más poder que el mero pensamiento positivo. Dios es el único que tiene la imagen precisa de la persona que somos en realidad… esa imagen lleva el nombre de las Escrituras, y todos encontramos nuestra identidad en ellas. El mundo siempre nos proporciona información negativa; por lo tanto, no podemos fiarnos de sus señales. La mente de Cristo nos coloca en un lugar muy por encima de todo lo que el mundo puede ver y procesar, de modo que en nuestro pensamiento no estemos atados a la tierra.

Nuestro propio proceso es más espiritual, más dinámico, se basa más en la sabiduría y en el aspecto relacional con el Señor. Estamos en el proceso de aprender y conocer qué es lo que Dios ve cuando nos mira. Ese aprendizaje debe reemplazar de forma activa las demás percepciones. Luego debemos desarrollar el gozo y la paz a partir de creer en su perspectiva. ¡Confesamos nuestra identidad por causa de todo lo que Él vale!

Cuando acogemos toda la verdad acerca de nuestra identidad, podemos aprender a ser vencedores en todos las circunstancias de nuestra vida. La identidad es el tema clave en nuestra relación con Dios. Es el área donde el enemigo despliega muchos recursos contra nosotros y por lo tanto es también el área más grande de favor dinámico de parte del Señor. Eso es brillante. El Señorío se hace visible en la crisis. Puede que en nuestra mente sepamos la verdad, pero que no permitamos que crezca en el interior, allí donde afecta de manera radical el pensamiento, la percepción, el lenguaje y la creencia. En la vida, la verdad siempre se despliega. La verdad de Jesús nos hace libres a través de nuestra relación con el Espíritu Santo.

Yo amo la riqueza de las Escrituras; el elemento de posicionarse, y los decretos que el Espíritu Santo hace posibles. Y es aquí en donde *Tu Verdadero Yo* puede marcar una diferencia increíble en tu camino con Dios. Para el desarrollo de tu identidad es esencial comprender la manera en que el cielo nos conoce. ¡Todo el Cielo es atraído hacia el Jesús que está en nosotros!

Este libro es una excelente herramienta para los jóvenes creyentes y también para los cristianos con más años que necesitan refrescar su pensamiento con respecto a la identidad, o que quizás necesitan reinventar la persona en que se están convirtiendo en el Reino. Este libro contiene una guía paso a paso muy buena para hacernos pensar, hablar, ver y creer algo mejor acerca de nosotros mismos.

Tu Verdadero Yo es un excelente recurso para ser mentor, entrenar pequeños grupos o realizar un curso de capacitación en la iglesia local o en una organización cristiana. Va a generar un maravilloso diálogo e impacto en nuestro crecimiento espiritual para mejorar nuestra relación con el Señor Jesús.

Graham Cooke
Escritor, orador, consultor
www.brilliantperspectives.com

Imagínate que estás en los zapatos de Nik Wallenda, miembro de los famosos "Flying Wallendas", y que vas caminando sobre la cuerda floja sobre las Cataratas del Niágara. Hay preguntas terribles que se te oponen. ¿En qué estabas pensando? ¿Y quién te crees como para desafiar a las fuerzas de la naturaleza? Sin embargo, tales pensamientos no pudieron detenerte a 60 metros de altura sobre las aguas. Estabas demasiado concentrado en caminar hacia el sueño de tu vida. Cada paso notable fue apoyado por el pensamiento dominante que se sembró en tu mente hace años y que adhirió tus pies al alambre de cinco centímetros. Pusiste tus pensamientos en acción: Yo lo puedo hacer. Todo lo puedo en Cristo que me fortalece.

El primer pensamiento que concibió tu sueño histórico, llegó con dudas que inundaron tu mente. Pero seguiste pensando. Sabías que siempre estabas a tan solo un pensamiento de cumplir tu destino. Tu sueño provenía de parte de Dios y Él cree en ti. Comenzaste a prepararte de forma natural entrenando en cuerdas flojas bajo patrones climáticos violentos que enfrentarías durante este asombroso evento. Te negaste a permitir que los pensamientos negativos entraran en tu mente. Tus pensamientos te condujeron a través de las cataratas del Niágara mil veces, antes de que tus pies tocaran el cable que pendía sobre las alturas.

¿Y tú? ¿Quién te crees? ¿Qué estás pensando? Todo lo que ves, fue primero un pensamiento. Antes de que Dios hablara para que el mundo existiera, Él lo pensó. Antes de que Dios te creara, tú estuviste en sus pensamientos. ¡Él te pensó! "Antes de formarte en el vientre te conocí, antes de que nacieras te aparté"; Jeremías 1:5. Él te amó de manera perfecta antes de que fueras concebido. Eres su sueño hecho realidad. Y naciste para crear tu propio sueño.

Cuál pensamiento hará que abandones tu sueño mientras el mundo mira y se pregunta: ¿Quién crees que eres?

Linda Breitman es una mujer íntegra y conocida por ser peligrosa frente a los poderes de las tinieblas. Ella me ha hablado en momentos estratégicos de mi vida y esto ha traído consigo ánimo y grandes avances. Ella ha entrenado a muchas personas para que alcancen su identidad en Cristo y cumplan sus extravagantes sueños. El libro de Linda, *Tu Verdadero Yo: Cree en Tu Verdadera Identidad*, es una poderosa guía de capacitación enviada por el cielo para esta hora. Léelo y estúdialo mientras caminas por la cuerda floja de tus sueños.

Bill Yount
Autor de *I Heard Heaven Proclaim* y de *Prophetic Stones of Remembrance*
Ministerios Blowing the Shofar
www.billyount.com

INTRODUCCIÓN

Hay una Novia pura y sin mancha que vive dentro de ti. Es leal y amada.
Hay una guerrera que reside en tu interior. Es determinada y verdadera.
Hay una amante viviendo dentro de ti. Es íntima y pura.

Toda tu identidad reside dentro de ti. La identidad que Dios te dio. Tu verdadero yo.

Tú eres parte de la realeza. Somos reyes y sacerdotes, príncipes y princesas, destinados a reflejar la gloria de Dios. Conocer tu identidad cultiva tu destino profético. Este destino profético es único y es para *ti*. Tú tienes sueños, visiones y talentos en tu vida que están listos para florecer. *Tu Verdadero Yo* invoca tu verdadera identidad y te entrena para alinear tus pensamientos con el cielo, de modo que puedas avanzar hacia el cumplimiento de tu destino profético.

Linda Breitmann
Mayo 2013

Por lo demás, hermanos, todo lo que es verdadero, todo lo honesto, todo lo justo, todo lo puro, todo lo amable, todo lo que es de buen nombre; si algo digno de alabanza, en esto pensad.

FILIPENSES 4:8

1

ALINEA TUS PENSAMIENTOS CON EL CIELO

Pensar: Reflexionar con detenimiento.

Si yo pudiera inmiscuirme dentro de tu mente durante 24 horas, ¿tendría un buen día? La mayoría de la gente reacciona de la misma manera cada vez que hago esa pregunta: se sorprenden. Abren sus mandíbulas y agrandan sus ojos de forma considerable. Imagina que alguien pueda escuchar tus pensamientos. ¡Ay! ¡Qué desastre!

Nosotros somos brillantes en lucir bien por fuera, mientras que en privado nuestras mentes nos dicen algo completamente diferente, —algo negativo y limitante —. En lo profundo de nuestros corazones anhelamos acoger el destino que Dios tiene para nosotros y conocer nuestra verdadera identidad. Queremos ser más como Jesús. Y sí, deseamos hacer hazañas sobrenaturales que desafíen este mundo natural. En nuestro ADN espiritual está el hecho de entrar en el mundo de Dios y de asociarnos con Él, pero nuestras mentes se levantan para *combatirnos* y el ámbito demoníaco se nos opone. Hay una guerra en curso, y hace mucho tiempo Dios designó al ganador: *tú*. A ti te corresponde cooperar con Dios creyendo en tu *verdadera identidad*. ¿Por dónde empiezas? Por allí, justo en el área que hay en medio de tus oídos: con tus pensamientos.

Hay una voz insidiosa y amenazante que en los momentos más inesperados asoma su fea cabeza y trata de robarte tus sueños: *No puedes hacer esto. No sabes cómo. Jamás tendrás éxito. No eres lo suficientemente inteligente. No eres tan bonita. ¿Quién te crees que eres de todos modos?* ¿Acaso algo de lo anterior te suena familiar? Tal vez estos pensamientos no están en la parte superior de tu pensamiento. Tal vez hayas aplastado algunos de ellos. Pero todos hemos luchado con las voces de la oposición que pretenden quitarle la vida a nuestros planes cuando soñamos en grande.

El Espíritu Santo descarga ideas y sueños en nuestro espíritu. Él *ama* que soñemos en grande. Él nos habla acerca de nuestra verdadera identidad. Él despierta lugares de creatividad en nuestro interior y luego vierte estrategias para que de verdad podamos alcanzar nuestras aspiraciones. Sin embargo, la mayoría de nuestros preciosos sueños no se llevan a cabo. ¿Por qué? *Porque nuestro diálogo interno los rechaza.* Discutimos con las imágenes internas implantadas por el Espíritu Santo, y una mentalidad negativa le hace cortocircuito a sus planes. Cuando no tomamos ninguna acción definida para alinear nuestros pensamientos con la mente de Cristo, derrocamos las imágenes que Él pone en nuestras mentes. La siguiente es una clave: cuando alineas tu *mente* con la percepción que Dios tiene de ti, descubres tu *verdadero* yo.

La mente es una zona de guerra —un campo de batalla— donde los pensamientos luchan de manera constante entre sí por la supremacía. Esta batalla se cierne a diario y tus pensamientos dominantes ganan y gobiernan tu vida. Por ejemplo, si tienes pensamientos depresivos, te deprimes. Si meditas acerca de los pensamientos de Dios sobre ti, te sientes animado. Puedes pensar que estás de mal humor. También podrías pensar en ti desde un estado de ánimo alegre. Considera lo que piensas: ¿Tus pensamientos más dominantes reflejan una imagen precisa acerca de la persona que Dios dice que eres?

Durante años, mis pensamientos no la reflejaban. Ni siquiera sabía cómo era una imagen precisa de mí misma. Si pudiera cambiar la vida de pensamiento que tuve antes, ¿por qué tipo de pensamientos los cambiaría? ¿Cómo lo haría? Cuando comencé a caminar con Jesús, el Espíritu Santo empezó a guiarme hacia un nuevo mundo de pensamiento, un mundo de pensamientos inimaginables y sobrenaturales de parte de Dios. Para *alinear mis pensamientos con el cielo* necesitaba dejar de pensar como pensaba el mundo y embarcarme en una travesía con el fin de reconfigurar mi mente y transformarme por completo.

A este proceso en específico Dios lo denomina <u>renovar</u> nuestras mentes:

> *No os conforméis más al patrón de este mundo, sino* ***transformaos mediante la renovación de vuestra mente.*** *Entonces podrás probar y aprobar cuál es la voluntad de Dios: Su voluntad buena, agradable y perfecta* (Romanos 12:2).

¿Quién hace la renovación? *Nosotros*. Tomamos medidas deliberadas para erradicar toda una vida de pensamientos erróneos y negativos y reemplazarlos con lo que Dios dice que es verdad acerca de nosotros. Si suena agresivo, es porque lo es. Una mente que en realidad se ha renovado, le quita la tapa al pensamiento limitado. En consecuencia, no vamos a tratar de resolver las cosas según la manera de funcionar del mundo. Una mente renovada de verdad, no tiene su pensamiento atado a la tierra. Una mente renovada se conecta con la mente de Cristo: con la forma en que Dios ve las cosas. Tú le das inicio a este proceso de renovación al eliminar las mentalidades erróneas.

Mira esto:

> *Derribando argumentos y toda altivez que se levanta contra el conocimiento de Dios, y llevando* **cautivo todo pensamiento** *a la obediencia a Cristo* (2 Corintios 10:5).

Todo pensamiento contrario a la verdad de Dios puede ser demolido, destruido y reemplazado por lo que es verdadero. Cuando renovamos nuestra mente, simplemente estamos cooperando con Dios, y allí comienza una increíble transformación sobrenatural que nos lleva justo a vivir nuestras vidas en el poder sobrenatural del Señor, con señales y prodigios que nos siguen.

¿Esa transformación sucede rápido? A veces se te "enciende una bombilla" cuando conoces un nuevo aspecto de tu identidad y tienes un momento de entendimiento, pero la mayoría de las veces es un proceso gradual. Alinear tu mente con el cielo es una decisión diaria, y mientras vivas en el planeta tierra, nunca terminarás. Debes estar seguro de una cosa: *no* tienes que aceptar cada pensamiento que viene a la deriva, tratando de implantarse en tu mente. Puedes *rechazarlos*. Puedes decir: No voy a pensar eso. Voy a pensar... Y hacer una elección consciente de pensar desde el punto de vista de Dios. Al adoptar una postura acorde con la Palabra de Dios, de manera intencional re-configuras tu pensamiento al orar y declarar la realidad desde la perspectiva del cielo.

El propósito de este libro es ayudarte a comenzar a construir tu verdadero yo indagando a profundidad lo que dicen las Escrituras acerca de cómo piensas y sobre qué piensas. Esa es la batalla por tu *mente*. Es probable que hayas dicho: "Dios, quiero ver milagros. ¡Quiero un estilo de vida sobrenatural! ¡Quiero comprometerme contigo, asociarme contigo y experimentarte!". Bueno, amiga mío, la mente es la puerta de entrada a lo sobrenatural. Es posible que no te hayas dado cuenta de todo lo que la Biblia trata con respecto a tus pensamientos. Cuando declares los versículos personalizados acerca de tu vida mental, romperás los acuerdos con las mentiras y confrontarás al reino de los espíritus. Comenzarás a plantar, construir y establecer poderosas mentalidades que son tomadas directamente de las Escrituras. Comenzarás a adoptar una postura para una vida transformada.

Te animo a comprender la fuerza de cada verdad. Sé agresivo. Declara en voz alta los versículos que están escritos a continuación. Confiesa cada uno con sentimiento y confianza. Siéntete transformado. Ponerse de *acuerdo* con Dios es la manera de convertirnos en hombres y mujeres de Dios peligrosos. Cuando estás de acuerdo con Él, descubres tu verdadera identidad. ¡Haz avanzar el Reino de Dios en tu vida y toma nuevos caminos! ¡Sí!

ORA ANTES DE AJUSTAR TU POSTURA

Dios, ayúdame a ver la verdad de aquello que estoy diciendo. Dale vida a mis declaraciones y en el nombre de Jesús, rompe con los patrones de pensamiento pasados que son contrarios a Tu verdad.

AJUSTE DE POSTURA: SOY RESPONSABLE DE MIS PENSAMIENTOS

La mente es un campo de batalla. La lucha que se libra es por mi vida mental. (2 Co. 10:3-5)

Derribo todo pensamiento que no esté de acuerdo con lo que Dios dice de mí. (2 Co. 10:3-5)

Llevo cautivo todo pensamiento y someto a la obediencia a Cristo. (2 Co. 10:3-5)

Peleo esta batalla, y estoy ganando. (2 Co. 10:3-5)

Al declarar palabras de vida, esperanza y verdad, elijo creer en Dios y confiar en Él.

(2 Co. 10:3-5)

Cuando se trata de mi vida mental yo soy una guerrera. Me pongo toda la armadura de Dios.

(Efesios 6:11-17)

Mi espada es la espada del Espíritu, la cual es la Palabra de Dios. (Efesios 6:11-17)

Declaro la Palabra de Dios con claridad y valentía, dando en el blanco a diestra y siniestra, mucho antes de que los argumentos contrarios a Él puedan acampar en mi mente. (2 Co. 10:3-5)

No ignoro las artimañas del diablo. Estoy alerta y tengo arriba mi guardia. (1 Pedro 5:8)

Aunque puede que él intente plantar pensamientos e imágenes en mi mente, yo no les doy lugar. (1 Pedro 5:8)

Sé que él anda como un león buscando a quien devorar. Y la presa no seré yo. (1 Pedro 5:8-9)

Le resisto manteniéndome firme en mi fe. (1 Pedro 5:9)

Estoy atenta a cualquier pensamiento que esté en oposición a Dios. (2 Corintios 10:5)

Estoy decidida a salir victoriosa de la batalla por mi mente. (2 Corintios 10:5)

De manera deliberada desmantelo y aniquilo los pensamientos destructivos, y los reemplazo con la verdad acerca de quién soy yo. (2 Corintios 10:5)

Ya no me conformo con el patrón de este mundo, sino que soy transformada por medio de la renovación de mi mente. (Romanos 12:2)

Entiendo que la muerte y la vida están en poder de la lengua. (Proverbios 18:21)

Las palabras matan; las palabras dan vida. Los pensamientos matan; los pensamientos dan vida. (Proverbios 18:21)

Escojo la vida. (Proverbios 18:21)

Hago conciencia de los pensamientos que hay en mi mente para que las palabras que declaro sean palabras de vida. (Prov. 18:21)

Ciño los lomos de mi mente. (1 Pedro 1:13)

Eso significa que preparo mi mente para la acción. Estoy alerta y pienso con claridad. (1 Pedro. 1:13)

Enfoco mis pensamientos internos en lo que es verdadero, honorable, justo, puro, amable y admirable, en las cosas que son excelentes y dignas de alabanza. (Filipenses 4:8)

Tengo la mente de Cristo. (1 Corintios 2:16)

Dios me guarda en perfecta paz porque mi mente está firme y confía en Él. (Isaías 26:3)

Me renuevo de manera constante en el espíritu de mi mente. (Efesios 4:23)

Mis pensamientos y actitudes están renovándose. (Efesios 4:23)

Estoy siendo transformada para tener una manera de vivir completamente nueva: una vida diseñada por Dios. (Efesios 4:23)

Estoy experimentando un cambio interior profundo. (Efesios 4:23)

Estoy siendo renovada por dentro, y esto tiene un efecto externo, a medida que Dios reproduce su carácter en mí. (Efesios 4:23)

¿Cómo mantengo puro mi camino? Viviendo según tu Palabra. (Sal. 119:9)

Con mis labios declaro el consejo que sale de tu boca. (Sal. 119:13)

Tener una mente espiritual es vida y paz. (Romanos 8:6)

En la presencia de Dios, yo medito en su amor inagotable. (Sal. 48:9)

Dios no me ha dado un espíritu de cobardía, sino de poder, de amor y de dominio propio. (2 Timoteo 1:7)

Señor, te sirvo con devoción de todo corazón y con una mente dispuesta. (1 Crónicas 28:9)

Tú indagas en mi corazón y entiendes cada motivación que hay detrás de mis pensamientos. (1 Crónicas 28:9)

Señor te amo con todo mi corazón, con toda mi alma, y con toda mi mente.

(Mateo 22:37)

Pongo mi mente en las cosas de arriba, no en las de la tierra. (Col. 3:2)

Señor, posiciono mi mente para ver las cosas desde tu perspectiva. (Col. 3:2)

En mi cama te recuerdo. Mis pensamientos están puestos en ti a lo largo de las vigilias de la noche. (Sal. 63:6)

Señor, que las palabras de mi boca y las tranquilas meditaciones de mi corazón te sean agradables. (Sal. 19:14)

Mi mente está enfocada en lo que el Espíritu desea. Escojo buscar las cosas que el Espíritu anhela. (Romanos 8:5)

Tu Palabra es viva y activa. (Hebreos 4:12)

Es más cortante que cualquier espada de doble filo, penetra hasta dividir el alma y el espíritu, las coyunturas y los tuétanos. (Hebreos 4:12)

Expone los pensamientos y actitudes de mi corazón. (Hebreos 4:12)

De día y de noche medito en tu Palabra. (Sal. 1:2)

Me deleito en tus palabras. (Sal. 1:2)

Coloco mis pensamientos en la verdad de tu Palabra. (Sal. 1:2)

ACTIVACIONES DE IDENTIDAD: NUEVAS MENTALIDADES

1. Renovar tu mente al posicionarte en la Palabra de Dios, establece y construye tu verdadera identidad. En la primera activación, comenzarás a aprender la manera de adoptar una postura adecuada. Asumir una postura es posicionarse, lo cual quiere decir que asumes una postura específica. Cuando te posicionas en la Palabra de Dios, lo haces para estar de acuerdo con Él. Ya no te estás alineando con el pensamiento mundano, sino que te alineas con la perspectiva de Dios. Es vital que tu diálogo interno profundo refleje la Palabra de Dios. Aquí *no* estás cambiando una mentalidad terrenal por otra del mismo tipo. Cuando tú

declaras la Palabra de Dios, te pones de acuerdo con el cielo. Toma los versículos de posicionamiento que acabas de leer e incorpóralos en tu vida diaria. *Tú eres* quien renueva tu mente. *Tú tomas* la espada del Espíritu que es la Palabra de Dios y la declaras. Esta es una activación que dura una semana —y es la más poderosa de todas—. Si no haces nada más, *posiciónate*.

Tu tarea es esta: Lee los versículos a primera hora de la mañana cuando te levantes y justo antes de acostarte. En este instante decide que hacer esto será tu prioridad. Lleva contigo los versículos y dilos a lo largo del día. No llegarás nunca al punto de haber declarado la Palabra de Dios demasiado. En este momento debo decirte desde ya que serás desafiado para que simple y llanamente te rindas, renuncies o te olvides del asunto. Reconoce la guerra. Todas las fuerzas del infierno están trabajando para evitar que declares versículos que edifiquen tu verdadera identidad. Hacerlo requiere esfuerzo y perseverancia. ¡Profundiza y aprovecha la mentalidad del guerrero! Recuerda siempre que estás en una guerra. ¡Y que la batalla que se libra tiene como objetivo tu mente!

2. A medida que adoptas la nueva postura, es posible que te resulte difícil creer a plenitud algunos versículos, e incluso decir en voz alta algunos. Cuando esto sucede, lo más probable es que hayas creído una mentira. Una mentira corresponde a una mentalidad errónea. La mentira será más o menos lo contrario a tu declaración. Esto te permite detectar un lugar en tu mente que necesita *renovarse*. Elige un versículo que te esté costando creer a cabalidad y escríbelo. Ahora, pregúntale al Espíritu Santo: ¿Cuál es la mentira que acepté como verdad y que me impidió creer este versículo? Escribe la mentira que te muestre el Espíritu Santo. Tal vez has creído que no puedes cambiar tu forma de pensar o que tienes pensamientos negativos de manera

automática. O puede que todavía creas cosas negativas que alguien te dijo.

Pídele a Dios que te perdone por creer dicha mentira. Rompe de manera verbal el acuerdo que has tenido con la mentira. Por ejemplo, puedes decir: "Señor, siento haber creído esa mentira. Me impidió creer en tu Palabra. En el nombre de Jesús, rompo mi acuerdo con ella. Ahora, yo creo _____.". Escribe el versículo de nuevo con tus propias palabras. Así has comenzado a demoler una fortaleza. Estás reemplazando mentalidades equivocadas por mentalidades que reflejan tu verdadera identidad.

A menudo, allí donde había entrado la mentira hay un lugar herido en nuestros corazones. Ni siquiera tienes que identificar la herida para que Dios sane tu corazón. Solo pídele que lo haga. Di: "Señor, sana el lugar de mi corazón donde entró la mentira y lo hirió".

Siéntate en silencio por un momento. El Espíritu Santo está sanando tu corazón y tu mente. Estás derribando a propósito una fortaleza mundana o demoníaca, para plantar allí la verdad. Al hacerlo, empezarás a sentir de manera diferente los versículos con los que antes luchabas. Emplea este proceso con cualquier versículo que te resulte difícil de aceptar. Demoler fortalezas requiere un esfuerzo consciente de tu parte, pero puedes hacerlo. Dios te ha creado para que seas un vencedor.

3. Esta activación de identidad es importante y muchos la pasan por alto. No seas de aquellos que lo hacen. Toma algunas hojas de papel, configura un cronómetro y, durante cinco minutos, escribe lo que se te ocurra. Anota tus pensamientos sin detenerte. Apunta las cosas positivas que te dices a ti mismo, y también

las negativas. Dales un vistazo. Escribir tus pensamientos te indicará lo que tiendes a pensar cuando en realidad no piensas en lo que estás pensando.

4. Busca 2 Corintios 10:3-5 en algunas traducciones diferentes. ¿Qué te está revelando el Espíritu Santo a través de este pasaje?

5. Haz un dibujo de una persona con una mente renovada y otro de alguien con una mentalidad vieja. Dibuja cómo luce cada persona por fuera y por dentro. ¿Qué ves? ¿Cuál refleja tu *verdadero* yo?

ORACIÓN: TRANSFORMANDO MI VIDA DE PENSAMIENTO

Querido Señor,

Mis pensamientos dan fruto. Elijo de manera intencional tomar mi espada, y elimino los pensamientos que son contrarios a ti. Estoy sentado en los reinos celestiales, y tengo una postura fundamentada en tales lugares. Estoy renovando mi mente de forma activa y veo la realidad desde tu perspectiva. Ayúdame a pensar en lo que estoy pensando, para que mis pensamientos den frutos buenos y positivos.

Amén.

PALABRA CELESTIAL

Amado, tu mente es la puerta de entrada a una vida sobrenatural conmigo. Cree plenamente que estás sentado en los reinos celestiales, porque ¡ahora mismo! lo estás. Asume una postura con base en los reinos celestiales. Alinea tus pensamientos con los míos. Lo que piensas de mí y de ti mismo tiene mucho peso. Fortalece tu mente. La muerte y la vida están en poder de la lengua. Tú comes el fruto de lo que dices. ¡Declara vida!

ROMANOS 12:2; EFESIOS 2:6; 1 PEDRO 1:13; PROVERBIOS 18:21

No se amolden al mundo actual, sino sean transformados mediante la renovación de su mente. Así podrán comprobar cuál es la voluntad de Dios: buena, agradable y perfecta.

ROMANOS 12:2 (NVI)

2

TU NUEVA IDENTIDAD

Renovar: El ajuste de la visión moral y espiritual
y del pensamiento para adecuarla a la mente
de Dios, la cual está diseñada
para tener un efecto transformador en la vida.[1]

Alguna vez te has preguntado: ¿Quién soy yo? ¿Para dónde voy? ¿Cuál es el significado de la vida? Yo sí. Me pregunté cuál era el propósito de mi vida y qué debía hacer con ella. Como la mayoría de los jóvenes, yo quería encontrar el sentido de mi vida. Quería *hacer* algo significativo. Quería *sentirme* importante. Mi identidad personal cambiaba con el viento. Cuando estudiaba en la universidad, me identificaba como estudiante. Cuando estaba casada, era esposa. Cuando estaba en una obra de teatro, era actriz. Me identificaba con cualquier trabajo que tuviera. Basaba mi identidad en algo que estaba por fuera de mí misma, algo que era del mundo. Definía mi identidad por criterios específicos: lo que hacía y lo que tenía. Nada más. Hasta que llegó Jesús.

---

[1] WE Vine, *An Expository Dictionary of Biblical Words* (Thomas Nelson Publishers, 1985), 524

Todo lo que decimos y hacemos está influenciado por la manera en que nos vemos a nosotros mismos. Esa es la identidad: la forma en que nos vemos a nosotros mismos. Con una nueva relación en ciernes con Cristo, mis logros ya no eran la base de mi valor. Al buscar respuestas en Dios se produjo un cambio de paradigma gigante en mi autopercepción. Verme a mí misma a través de los ojos de Dios me permitió contemplar un panorama hermoso. No obstante, cuando las viejas creencias me abofetearon, fui desafiada a diario. Para crecer sólidamente en mi verdadera identidad, supe que tenía que aprender lo que Dios decía acerca de mí, y que luego necesitaba *creerlo*. La única forma de hacer esto era leer su libro y descubrir por mí misma lo que Él decía acerca de mi identidad. Como nueva creación en Cristo, me esperaba abrazar una nueva identidad. Y tú también.

La batalla más importante en tu caminar cristiano es la de tu identidad espiritual. Todas las demás batallas dependen de esa. El diablo no quiere que creas en la persona que eres en realidad. ¡Ay, claro!, puedes saber *acerca de* Dios y todas las verdades alucinantes que Él dice sobre ti. Pero el diablo no quiere que las *creas*, ni que actúes en consecuencia, ni que las digas. Porque entonces te volverías realmente peligroso. Comenzarías a llevar a la gente a Cristo, a sanar a los enfermos, expulsar demonios y a cambiar el mundo.

Antes de que Jesús llevara a cabo la misión de su vida, el Espíritu Santo lo guió al desierto en donde Satanás lo desafió. Él le dijo a Jesús:

> **"Si eres Hijo de Dios**, *di a esta piedra que se convierta en pan"* (Lucas 4:3).

> **"Si eres Hijo de Dios**, *échate de aquí abajo. Porque escrito está: A sus ángeles mandará acerca de ti, que te guarden..."* (Lucas 4:9-10).

Cuando satanás desafiaba la identidad de Jesús en repetidas ocasiones, sus respuestas frente a las acusaciones eran consistentes: *"¡Escrito está! ¡Está escrito! ¡Escrito está!"*, así le respondió Jesús a las acusaciones demoníacas, proclamando la verdad y la autoridad de la Palabra escrita. Él repitió lo que Dios el Padre había declarado durante mucho tiempo, como una verdad innegable e irrevocable. Justo aquí hay un hecho muy importante que debes recordar acerca de la guerra espiritual: si Jesús fue cuestionado sobre su identidad, puede estar seguro de que tú también serás cuestionado acerca de lo mismo cada día. A medida que creces en la renovación de tu mente y continúas derribando viejas fortalezas mentales, tu respuesta se convertirá en tu segunda naturaleza al proclamar con firmeza: *"¡Escrito está!"*.

Jesús siempre se refirió a la autoridad de las Escrituras. A medida que sigas su ejemplo, decretando tu identidad basada en la Biblia, en tu interior se levantará una autoridad tremenda y aceptarás quién eres en realidad, verás tu verdadero yo, tu verdadera identidad. Conocer tu identidad y creer en ella tiene un gran impacto en la forma en que se desarrolla tu destino. ¡Eres *un* hombre o *una* mujer de destino!

Ese *tú que* Dios quiso que fueras es audaz, confiado, tierno y fuerte. Tu verdadero yo es asombrosamente valiente. Tu verdadero yo es amado de manera feroz. Cuentas con dones y habilidades de parte de Dios, y Él quiere que los actives. Tienes un futuro. Tienes esperanza. Tienes un Padre que cree en ti y que nunca te abandonará. Él está guiando tus pasos y dándote sabiduría. ¿No te parece genial? Es más, Él dispone todas las cosas para tu bien.

Creer lo que Dios dice acerca de nosotros puede ser un desafío, en especial si hemos tenido un diálogo interno opuesto durante tantos años. La Biblia dice

> *Y renuévense **de manera constante** en el espíritu de su mente, teniendo una actitud mental y espiritual fresca* (Efesios 4:23, AMP).

Cambiar nuestras actitudes mentales significa reemplazar antiguas maneras de pensar por nuevas mentalidades celestiales, y ese proceso es *constante*. Ser renovado en el espíritu de tu mente requiere mucha paciencia y constancia. Aunque puede que tengas un avance considerable de un momento a otro, por lo general esto toma tiempo y persistencia. Tanto los líderes como los nuevos creyentes tienen problemas cuando se trata de creer la verdad sobre sí mismos. Todos tenemos pensamientos viejos, líneas de pensamiento chatarra e ideas autodestructivas que necesitan desaparecer. La mejor manera de lidiar con ellos es identificarlos, hacer un cambio determinado y reemplazarlos con la verdad.

Muchas veces se establece una fortaleza demoníaca cuando se permite que una creencia falsa permanezca. Necesitamos confrontar al ámbito espiritual, ordenándole al espíritu demoníaco que suelte lo que tiene y se vaya. Te dieron autoridad para hacer esto (Lucas 10:19; Hechos 16:18).

Las próximas páginas están llenas de declaraciones acerca de tu identidad. Puede que te resulte difícil pronunciar con sinceridad algunas de ellas porque no las crees del todo. Esta es una parte normal del proceso de transformación. No dejes que esto te detenga. Busca la referencia del versículo y habla con Dios al respecto. Pídele que te dé revelación sobre el pasaje y acerca de su significado.

El primer paso para vivir conforme a nuestra verdadera identidad, es tomar una postura definida por las verdades que se encuentran en la Biblia. Vamos a leer los versículos que se listan a continuación y a declararlos en voz alta. A mí me gusta caminar de un lado a otro mientras hablo, pero puedes hacerlo sentado o de pie, o como quieras. Solo decláralos como si lo dijeras en serio al 100%. No seas débil ni lo hagas a medias. ¡Hagas lo que hagas, hazlo con todo tu ser! ¡Vive en el poder de la percepción que Dios tiene sobre ti!

ORA ANTES DE AJUSTAR TU POSTURA

¡Dios, imparte vida sobre estas declaraciones! En el nombre de Jesús, rompo con los patrones de pensamiento del pasado que sean contrarios a la verdad de Dios.

AJUSTE DE POSTURA: MI NUEVA IDENTIDAD

Soy hija del Dios viviente. (Juan 1:12)

Soy una nueva creación y tengo una nueva identidad. (2 Corintios 5:21)

Soy amiga de Jesús. (Juan 15:15)

¡Me encanta ser su amiga! (Juan 15:15)

Jesús vive en mí. (Gálatas 2:20)

Soy ciudadana del cielo. (Filipenses 3:20)

Tengo vida eterna. (1 Juan 5:11)

Soy aceptada por Dios. (2 Corintios 5:21)

Estoy en una buena posición con respecto a Dios. (Romanos 5:1)

Tengo paz para con Dios. (Romanos 5:1)

¡Estoy empoderada con la gracia de Dios! (2 Corintios 12:9)

Soy amada. (Juan 3:16)

Soy extravagantemente amada por Dios. (Juan 3:16)

Soy perdonada. (1 Juan 1:9)

Mi pasado fue perdonado por completo. (Col. 1:14)

¡Condena, aléjate de mí! (Romanos 8:1)

¡No estoy bajo condenación! (Romanos 8:1)

Soy una persona nueva. (2 Corintios 5:17)

Ante mí tengo un nuevo comienzo. (2 Corintios 5:17)

Le pertenezco a Dios. (1 Co. 6:19-20)

Fui planeada por Dios. (Sal. 139:14)

Soy especial y única, no hay otra como yo. (1 Corintios 12:12-27)

Soy valiosa para Dios. (Lucas 12:24)

En el cuerpo de Cristo tengo mi propio lugar y función. (1 Corintios 12:27)

Tengo talentos y habilidades que son dones de Dios. No los enterraré. Voy a usarlos. (Mateo 25:14-30)

¡Avivo los dones que hay dentro de mí! (2 Ti. 1:6)

¡El Espíritu Santo tiene dones maravillosos, y yo los deseo con ansia! (1 Corintios 14:1)

Por medio del Espíritu Santo tengo acceso a Dios. (Efesios 2:18)

El Espíritu Santo vive en mí. (Juan 14:17)

Él me revela la verdad y me permite hacer grandes cosas para Dios. (Juan 14:12; 17)

Confío en que Dios culminará la buena obra que ha comenzado en mí. (Filipenses 1:6)

Correré la carrera; voy a terminarla. (Hebreos 12:1)

Soy santa, consagrada y apartada. (Efesios 1:1)

Estoy libre del poder del pecado para siempre. (Romanos 8:1)

Estoy libre de cualquier acusación que se levante en mi contra. (Romanos 8:31-34)

En Cristo estoy completa. (Col. 2:10)

Tengo la mente de Cristo. (1 Corintios 2:16)

Con Cristo estoy sentada en los lugares celestiales. (Efesios 2:6)

Soy ungida por el Señor para anunciar el evangelio. (Isaías 61:1)

Vendo a los quebrantados de corazón, les anuncio libertad a los cautivos y liberto a los prisioneros. (Isaías 61:1)

Soy bendecida en los lugares celestiales con toda bendición espiritual. (Efesios 1:3)

Yo soy la justicia de Dios en Cristo. (2 Corintios 5:21)

Tengo redención. (Col. 1:14)

Estoy unida con el Señor, soy un solo espíritu con Él. (1 Corintios 6:17)

Dios me ha establecido, ungido y sellado. (2 Corintios 1:21-22)

ACTIVACIONES DE IDENTIDAD: MI NUEVA IDENTIDAD

1. La primera activación en cada capítulo hace referencia a la *postura*. La postura derriba las mentalidades equivocadas y te sumerge en tu verdadera identidad. *Decir* los versículos es la parte más importante y poderosa de las activaciones. Decide ahora mismo que vas a ir en pos de ello.

Renovar tu mente requiere de una acción decisiva. Tu tarea es esta: *recita* los versículos durante los próximos siete días, una vez por la mañana y otra vez justo antes de acostarte. Además, sigue declarando los versículos del primer capítulo al menos una vez cada dos días. Para mí no es inusual hacer declaraciones de distintos temas de manera simultánea. Llevo los versículos conmigo para poder decirlos al azar durante el día. Nadie puede renovar tu mente si no lo haces tú. Se necesita diligencia, pero *tú* puedes lograrlo. Pídele a Dios la gracia que necesitas para renovar tu mente. Estos versículos de posicionamiento están diseñados para edificar tu identidad *general* en Cristo. Los capítulos siguientes abordarán aspectos más específicos de la identidad.

2. La Segunda Activación será la misma durante todo el estudio. Te estás entrenando para identificar, confrontar y transformar mentalidades equivocadas por mentalidades celestiales. Esto puede ser demasiado desafiante, porque una mentalidad incorrecta es una mentira que has creído como una verdad. Para construir tu verdadera identidad, aquella que Dios tiene para ti, debes desmantelar tales mentiras. Algunas mentiras serán muy obvias y otras más sutiles. Cuando culmines el último capítulo, estarás mejor equipado para reconocer las mentalidades equivocadas y saber cómo reemplazarlas con todo lo que Dios dice que es verdad acerca de ti y de Él.

Asumir una postura con base en las Escrituras es una parte vital de la renovación de tu mente. A veces, cuando declaramos un versículo, nos cuesta sacar las palabras de nuestra boca. No creer completamente el versículo, indica que creemos algo contrario al pasaje en cuestión. Hemos creído una *mentira* y establecido una mentalidad incorrecta en nuestro pensamiento. La mentira puede haber entrado en tu vida a una edad temprana cuando te dijeron palabras recias o poco amables. A veces, cuando nos suceden experiencias traumáticas, tomamos una decisión interna que está en oposición directa a lo que Dios dice que es verdad. En ocasiones, decidimos que algo es verdad de manera arbitraria, porque es todo lo que conocemos y no sabemos que hay algo mejor. Las mentiras son fortalezas; se pueden demoler. No tienes que vivir con ellas, no importa cuánto tiempo hace que se erigieron.

Elige un versículo que te resulte difícil de creer. Pídele al Espíritu Santo que revele la mentira que aceptaste a cambio. Dicha mentira te impidió creer el versículo. Cuando se revele la mentira, pídele a Dios que te perdone por creer en ella. De manera verbal, rompe el acuerdo que has tenido con la mentira. Di: "Señor, siento haber creído esa mentira. Me ha impedido creer en tu Palabra. En el nombre de Jesús, rompo mi acuerdo con ella". Así has comenzado a desmantelar una fortaleza. Pídele a Dios que sane el lugar de tu corazón donde entró la mentira.

3. Es frecuente que la gente base su identidad en el desempeño. El valor se basa en qué tan bien estás con respecto a los demás. Cierra los ojos y pregúntate: "¿Qué me hace verme exitosa?". ¿Cuál es tu respuesta? Piensa en todos los versículos de la sección de ajuste de postura. De nuevo, con los ojos cerrados, pídele al Espíritu Santo que te muestre tu verdadera identidad desde la perspectiva de Dios. Todo lo que Él dice acerca de ti se alineará con su Palabra. Usando los versículos de esa sección, escribe cuál es la manera en que Dios define tu identidad.

4. Tú no te conviertes en la persona que Dios dice que eres —*crees en* esa persona que Dios dice que eres —. Jesús no trató de convertirse en el Hijo de Dios: Él *era* el Hijo de Dios. Tu verdadera identidad reside *en* ti, ahora mismo. Tu desempeño no determina tu identidad. Dios te ama por igual, aunque no hagas

nada más por Él. Dios te ama porque eso es lo que hace. Tanto amó al mundo que envió a su Hijo, no fue porque hubiésemos hecho algo para merecerlo. Muchas veces cuando nos equivocamos, pensamos que Dios está enojado o que nos negará su amor. Piensa en esta pregunta: ¿Sientes que Dios te ama por encima del desempeño que tengas?

5. Cuando Jesús les preguntó a sus discípulos: "¿Quién decís que soy yo?" (Mateo 16:15), les estaba preguntando si conocían su verdadera identidad. Simón Pedro respondió: "Tú eres el Cristo, el Hijo del Dios viviente". Jesús enfatizó que Pedro no recibió esta revelación crucial y de alto nivel de parte del hombre. La única razón por la que Pedro tuvo la revelación de la identidad de Jesús fue porque se la reveló Dios el Padre, el mismo que revela *tu* identidad. Así como Jesús, tu verdadera identidad la vas a encontrar en Dios el Padre, no en el hombre. Siento que Dios nos está haciendo la misma pregunta: "¿Quién dices que eres?". Por lo tanto, ¿quién dices que eres?

ORACIÓN: MI IDENTIDAD EN CRISTO

Padre,

Imparte revelación sobre mi verdadera identidad. Pongo mis manos sobre mi cabeza y me ato a mi verdadera identidad. En el nombre de Jesús, me deshago de las identidades falsas. Señor, sopla en mi mente mientras se renueva en la verdad de tu Palabra. Lávame con el agua pura de tu Palabra el espíritu, alma y cuerpo. Perdóname por no creer en la persona que soy en Cristo. ¡Ahora decreto que soy una nueva creación y que todas las cosas han sido hechas nuevas!

Amén.

PALABRA CELESTIAL

Amado, te creé como alguien único en su especie y tengo un plan particular para tu vida. No te compares con nadie más. Tú eres único. No hay nadie más como tú. Mi deseo es que te veas a ti mismo a través de mis ojos. En mí encontrarás tu verdadera identidad, y hallarás tu verdadero *yo*. Cada día tienes más y más la imagen de que eres muy especial y de que eres amado de forma radical. Sí, sé que has tenido luchas y que te has caído muchas veces. Yo utilizo cada momento para reconstruirte y transformarte. Ahora, mírame a los ojos y mira mi reflejo en ti. Tú eres mi amado.

SALMOS 139:14; ROMANOS 12:2

Por tanto, nosotros todos, mirando a cara descubierta como en un espejo la gloria del Señor, somos transformados de gloria en gloria en la misma imagen, como por el Espíritu del Señor.

2 CORINTIOS 3:18

3

TRANSFORMADO A SU SEMEJANZA

Transformado: Sufrir un cambio completo que, bajo el poder de Dios, encontrará su expresión en carácter y conducta.[2]

La humilde oruga se transforma milagrosamente en una mariposa luminosa. Restringida a gatear por las aceras y los jardines, un día se esconde en un capullo de algodón. Luego, después de un tiempo, se abre camino y, transformada en una gloriosa mariposa alada, ¡se eleva! ¡Esta es una transformación espectacular! Una metamorfosis *que* también experimentas al transformarte a la semejanza de Cristo.

Sé que es difícil de comprender que *puedes,* y que de hecho experimentarás una transformación tan dramática. Pero eso es exactamente lo que Dios lleva a cabo en ti: una transformación metamórfica, como la mariposa. Ya estudiamos el pasaje de Romanos 12:2,

---

[2] WE Vine, *An Expository Dictionary of Biblical Words* (Thomas Nelson Publishers, 1985), 639

que nos dice que seamos *transformados* por medio de la renovación de nuestra mente. La palabra *transformado* proviene de la palabra griega *metamorfo*. Así es. De ahí se deriva la palabra *metamorfosis*, que significa cambio de forma o estructura. Una comprensión más profunda es vital, así que permíteme compartir una breve enseñanza que cambia la vida acerca de dos pasajes más significativos y que usan esta misma palabra.

El primer pasaje es 2 Corintios 3:18 y abre este capítulo. Míralo de nuevo. Este versículo revela que al contemplar la gloria del Señor, estamos siendo *transformados* en la misma imagen: Su imagen. Como un espejo, reflejaremos aquello que contemplamos. Estamos siendo transformadas (metamorfo) a la semejanza de Jesús. En otras palabras, estamos en un constante estado de metamorfosis. Ahora, veamos otro versículo clave que usa esta misma palabra griega. ¡Puede que te sorprenda!

Jesús fue visiblemente *transformado* en el Monte de la Transfiguración:

> *Allí se **transfiguró** ante ellos. Su rostro resplandeció como el sol, y sus vestidos se volvieron blancos como la luz* (Mateo 17:2).

La palabra *transfigurado* que se usa aquí también proviene de la palabra griega *metamorfo*. Lucas reporta este mismo evento, afirmando que los discípulos "vieron la gloria de Jesús" en Lucas 9:32.

Cuando Jesús fue transformado en el Monte de la Transfiguración, Su rostro irradiaba la gloria de Dios con una intensidad tan tremenda que era casi imposible mirarlo. ¡Esto es alucinante! ¡Estás siendo transformada a la semejanza de Cristo con este mismo tipo de intensidad interna y externa! A medida que el poder de la Palabra de Dios obra en los lugares más profundos de tu corazón, exhibes más y más su amor y su carácter. Tu rostro resplandecerá con su gloria, ¡de adentro hacia afuera! ¡Incluso ahora, mientras lees esto, Dios está orquestando esta transformación sobrenatural en *ti*!

En un grupo de estudio bíblico que estuve facilitando, les pedí a las participantes que pensaran en las características extraordinarias de personajes de la Biblia que demostraban la forma en que eran transformados de manera radical a la semejanza de Cristo. La conversación se desenvolvió así:

"Josué demostró valentía y obediencia", comentó Sandra. "Y de continuo le pedía dirección al Señor".

Jenny levantó la mano y expresó sus pensamientos: "Pablo era humilde y transparente, pero también era fuerte y decisivo".

Agregué estos atributos a una lista que había comenzado en un tablero grande y me dirigí al grupo. "¿Qué más?".

"Perseverancia. Josué perseveró a través de muchas pruebas", respondió Lorena.

"¡Jael no tenía miedo!" añadió otra joven. "¿Te imaginas invitar al enemigo a tu casa y clavarlo por la cabeza al suelo con una estaca de tienda de campaña?".

"David entró en la presencia de Dios como un niño, adorando en completa libertad", agregó Michelle.

"Amo a Débora", exclamó Sara. "Ella era una guerrera y era muy perspicaz sobre cómo entrar en batalla. Ella profetizó que el enemigo caería a manos de una mujer, y ni siquiera era ella. ¡Era Jael!".

Kelli había estudiado la vida de Pedro. "Pedro definitivamente caminó con autoridad. La gente fue sanada por su sombra".

En la Biblia hay muchos héroes asombrosos que hicieron hazañas increíbles y demostraron atributos maravillosos que nos inspiran a todos. Podemos aprovechar su fuerza y aprender de sus errores. Lo que es más importante todavía, es que podemos reconocer que el Espíritu de Dios que reposó sobre ellos ahora vive dentro de nosotros. Jesús anunció a Juan el Bautista como el profeta más grande que jamás haya caminado sobre la Tierra y, sin embargo, proclamó que los más pequeños en el Reino son mayores que él (Mateo 11:11). Ese eres tú. Tú llegas a caminar en la plenitud de Cristo. Jesús dijo que si creemos en Él, haremos *obras* mayores que las que Él hizo (Juan 14:12).

Es posible que te cueste creer que esto sea cierto porque no ves que estas *obras mayores* operen en tu vida. Tu obstáculo es que te ves a ti mismo desde una perspectiva terrenal sobre el tiempo. Cuando te ves a ti mismo a través de los ojos de Dios, entras en lo que yo llamo el *ahora eterno*. El eterno ahora está fuera del tiempo. Allí reside Dios, y Él ve todo, desde el principio hasta el final. Dios te ve fuera del tiempo, donde existe tu plena identidad en Él. Todas las facetas de tu verdadera identidad están en pleno florecimiento en el eterno ahora. Cuando adoptas una postura según estas características, estás aprovechando el eterno ahora/reino celestial donde estás sentado. Anímate. Mientras estés vivo en la tierra, seguirás creciendo en semejanza a Cristo. De hecho, la palabra *cristiano* significa Cristo pequeño o definido por Cristo. La realidad es que la representación misma de Cristo Jesús ya está en tu ADN espiritual. Cuando lo recibiste como tu Señor y Salvador, recibiste una transfusión de su naturaleza divina. Esta transfusión divina seguirá su curso y se abrirá camino.

Ten en cuenta que aunque tu identidad ya está establecida, crece en carácter. Tu carácter refleja tu verdadera identidad. Tal vez no hayas llegado con todo "puesto en su lugar" o no hayas visto mucha evidencia de esta naturaleza divina, pero por fe *puedes* invocar estos atributos divinos. Solo cree y confía. Algo significativo sucede cuando nos conectamos con la realidad de la transformación que ya ha ocurrido en el interior e invocamos su fruto. Esto es en serio. Tú ya tienes atributos divinos en ti. Están completamente desarrollados en tu futuro "yo", y no hay duda de que vas a evolucionar hacia ese futuro. ¡Así que da un paso hacia el futuro e invoca los frutos! ¡Declara la persona que eres! Sé valiente. Sé fuerte. Camina, sigue el paso, grita y siente el poder de cada proclamación.

ORA ANTES DE AJUSTAR TU POSTURA

Dios, ayúdame a ver la verdad de lo que estoy diciendo. Dale vida a mis declaraciones. En el nombre de Jesús, me deshago de patrones de pensamiento pasados que sean contrarios a tu verdad.

AJUSTE DE POSTURA: ME ESTOY TRANSFORMANDO

No tengo miedo. (2 Timoteo 1:7)

Soy obediente. (Filipenses 2:13)

Soy imbatible y victoriosa. (Isaías 43:2-3)

Yo avanzo el Reino de Dios. (Lucas 9:60)

Soy fiel. (Romanos 12:11)

Soy escogida, soy realeza y soy santa. (1 Pedro 2:9)

Tengo un destino. (Jeremías 29:11)

Estoy entrenada y preparada. Conozco la Palabra de Dios. (Esdras 7:10)

Camino en sabiduría. (Santiago 1:5)

Camino en autoridad y poder. (Lucas 10:19)

Me enfrento a la oscuridad. (Efesios 6:11)

Conozco el poder del Nombre del Señor. (Filipenses 2:9-11)

Derribo fortalezas. (2 Corintios 10:4)

Camino en el ámbito milagroso. (Marcos 16:20)

Camino en humildad, bondad, gracia y misericordia. (1 Pedro 3:8)

Camino en la unción. (Mateo 16:18-19)

Soy fuerte y valiente. (Josué 1:9)

Hablo con denuedo. (Hechos 4:29)

Proclamo la Palabra del Señor. (1 Pedro 3:15)

Discierno. (Hebreos 5:14)

Soy una guerrera para Dios. (Sal. 144:1)

Soy una amante de Dios. (Sal. 84:10)

Soy una apasionada por Dios. (Proverbios 8:17)

He sido crucificada con Cristo. (Gálatas 2:20)

Le ofrezco a Dios mi vida como sacrificio vivo. (Romanos 12:1)

Tengo favor. (Lucas 2:52)

Soy digna de confianza. (Levítico 19:11)

Soy una buena amiga. (Ecl. 4:10)

Yo espero en Dios. (Isaías 40:31)

Soy una cazadora de Dios. (Sal. 42:1)

Soy conforme al corazón de Dios. (1 Samuel 13:14)

Disfruto de una comunión íntima y cercana con Dios. (Sal. 63:1)

Entro en la presencia de Dios como un niño. (Marcos 10:15)

Juego ante el Señor. (Marcos 10:15)

Yo danzo; agito pancartas; me siento en silencio. Adoro a mi Señor y Rey en el esplendor de su santidad. (Sal. 96:9)

Soy una adoradora extravagante. (Romanos 12:1)

Adoro en completa libertad y entrega. (2 Samuel 6:14)

Tomo riesgos. (Jueces 4:21)

Soy receptiva al Espíritu Santo. (Romanos 8:14)

Hago lo que Él dice. (Hechos 5:29)

Escucho la voz de Dios. (Sal. 32:8)

Yo glorifico a Dios. (Romanos 11:36)

Llevo paz dondequiera que voy. (Isaías 26:3)

Vivo en gracia. (1 Timoteo 1:14)

Soy fuerte y resoluta. (Jueces 4:9)

Soy una sierva. (Efesios 6:7)

Paso tiempo con Jesús. (Lucas 10:39)

Soy amada por Dios. (Juan 3:16)

Amo a los demás (Juan 13:34)

Soy profética. (1 Corintios 14:3)

Soy activa en mis dones espirituales. (1 Corintios 14:1)

Respeto la unción. (1 Juan 2:20)

Yo soy la justicia de Dios en Cristo. (2 Corintios 5:21)

Soy pacificadora. (Mateo 5:9)

Tengo un corazón dado a la gente. (1 Corintios 9:22)

Tengo compasión (Mateo 9:36)

Me arrepiento. (1 Juan 1:9)

Perdono. (Efesios 4:32)

Me reconcilio (2 Corintios 5:18)

Animo. (Hebreos 10:24-25)

Persevero. (Hebreos 12:1-2)

Venzo. (Lucas 10:19)

Soy libre. (2 Corintios 3:17)

Estoy corriendo la carrera y voy a terminarla bien. (2 Timoteo 4:7)

Soy radical y Dios me ama de manera salvaje. (Jeremías 31:3)

ACTIVACIONES DE IDENTIDAD: TRANSFORMÁNDOSE A SU SEMEJANZA

1. Asumir la postura adecuada todos los días requiere disciplina. Tienes que elegir renovar tu mente y posicionar todo tu ser para sufrir la *metamorfosis de Dios*. Sé fuerte y perseverante. El diablo no quiere que adoptes posturas ni que sepas quién eres. Él hará todo lo posible para evitar que creas en la Palabra de Dios. Él se asegurará de que no tengas ganas de hacer el proceso, que estés cansado, que pienses que es una pérdida de tiempo, que

puedes esperar hasta el último momento o que es posible fingir. Para que te hagas cargo de tus pensamientos y para alinearlos de manera diligente con Dios, se necesita un guerrero. Admite la guerra.

Ya sabes lo que tienes que hacer: durante los siguientes siete días, declara los versículos de posicionamiento de *"Me estoy Transformando"*. Lleva el libro contigo y decláralos dos o tres veces al día. Si sientes que no tienes suficiente tiempo para hacerlo así, dilos cuando te levantes por la mañana y antes de acostarte como mínimo. La mayoría de nosotros podemos tomarnos unos minutos en esos momentos. Luego de los siete días, sigue incorporando estos versículos a tu vida diaria.

Con la frecuencia que el Espíritu Santo te guie, sigue recitando los versículos de los primeros dos capítulos unas cuantas veces durante la semana. Mientras los dices, tu vida mental reflejará tu *verdadero* yo. No estás simplemente repitiendo palabras carentes de poder. Estas palabras son vivas y poderosas. Caen en tu corazón y realmente se convierten en parte de ti. De eso se trata una verdadera renovación de tu mente. Te cambia por dentro. Lee los versículos ahora y luego haz la siguiente activación.

2. Cada semana, las dos primeras activaciones son las mismas y, por lo tanto, alcanzan el mismo objetivo. Te animo a llevar a cabo estas activaciones con toda tu fuerza. No creas que ya lo hiciste antes. Cada semana contiene nuevas declaraciones, y por ende será necesario desmantelar nuevas mentiras cada vez. Persevera. Elige un versículo que te esté costando creer a cabalidad. Pídele al Señor que te muestre por qué estás teniendo dificultades con ese pasaje. La mayoría de las veces escuchamos palabras negativas que se nos dicen o nos las decimos a nosotros mismos, hecho que conlleva a que creamos una mentira y a que rechacemos

la verdad. Las mentiras son fortalezas; se pueden demoler. No tienes que vivir con mentiras. ¿Qué mentira te reveló Dios? El arrepentimiento es la puerta hacia la libertad. Pídele a Dios que te perdone por creer en esa mentira. Rompe verbalmente el acuerdo que has tenido con ella. Di: "Señor, siento haber creído en esa mentira. Me impidió creer completamente en tu Palabra. ¡En el nombre de Jesús, rompo mi acuerdo con esa mentira y le ordeno a cualquier espíritu demoníaco apegado a la mentira que me abandone ahora! ¡La atadura está rota! Señor, sana el lugar de mi corazón en el que entró la mentira. De ahora en adelante, creo _____." Escribe el versículo de nuevo con tus propias palabras. Pídele a Dios que sane el lugar de tu corazón que fue herido cuando entró la mentira.

3. El carácter piadoso se desarrolla con el tiempo, a medida que pasamos por pruebas y victorias. Con cada respiración, reconocemos más el amor y la gracia de Dios. ¿Cuáles serían las cinco características piadosas del rey David que te gustaría ver activadas en tu vida con mayor plenitud? Lee algunos de los Salmos para refrescar tu mente acerca de los atributos de Dios que tenía el rey David. Úngete con aceite y pídele al Espíritu Santo que te ayude a desarrollar dichas cualidades.

4. Lee 2 Corintios 3:18 en algunas traducciones diferentes. Vuelve a escribir el versículo usando tus propias palabras.

5. En papelitos autoadhesivos, escribe tus decretos de postura favoritos de este capítulo del libro y colócalos en el espejo de tu baño. ¡Los verás allí con frecuencia y tendrás unos momentos extra para reflexionar acerca de ellos!

ORACIÓN DE TRANSFORMACIÓN

Querido Señor,

¡Estoy sentado en los lugares celestiales y me veo desde ellos! Me estoy transformando a la semejanza de tu Hijo. Estoy siendo transfigurado de adentro hacia afuera. El carácter piadoso está en construcción en mí. Cedo a la obra de transformación que el Espíritu Santo está ejecutando en mí. ¡Veré quién soy a través de tus ojos!

Amén.

PALABRA CELESTIAL

Querido, Juan el amado dijo: "Ahora somos hijos de Dios, y aún no se ha manifestado lo que hemos de ser; pero sabemos que cuando él se manifieste, seremos semejantes a él, porque lo veremos tal como él es". Sí, estás siendo transformado a mi semejanza con una gloria cada vez mayor. Eres una nueva creación. Lo viejo se ha ido y ha llegado lo nuevo. ¡Reflejarás mi gloria! No temas; no estés ansioso ¡Esto ya es un trato hecho!

1 JUAN 3:2; 2 CORINTIOS 5:17; 2 CORINTIOS 3:18

Mirad las aves del cielo,
Que no siembran, ni siegan, ni recogen en graneros;
y vuestro Padre celestial las alimenta.
¿No valéis vosotros mucho más que ellas?

MATEO 6:26

4

COMPLETAMENTE ACEPTADO Y MUY VALORADO

Valioso: De gran valor, precioso, muy estimado.

Me senté en el suelo frente a Michelle con las piernas cruzadas. Estábamos rodeadas de las mujeres jóvenes que yo mentoreaba. Mirando sus ojos color avellana, le dije: "Michelle, me paro aquí delante de ti en representación del Cuerpo de Cristo. Quiero que sepas que te amamos y te necesitamos. Nosotros acogemos los dones únicos que Dios ha puesto en ti. Tú tienes una posición crucial en el cuerpo de Cristo, y sin ti estamos incompletos". Las lágrimas rodaron por sus mejillas. Mientras miraba a las demás, note que cada mujer también estaba aceptando estas palabras de afirmación para su propia vida. Al turnarnos para honrar a Michelle y reconocer los dones que había en ella, cada joven mujer permitió que la validación de su valor personal inundara su propio corazón. Cada miembro del Cuerpo, incluyéndote *a ti*, es querido y necesitado.

Mucho antes de que Jesús viniera a nuestras vidas, nuestra autoestima ya estaba bajo asedio, principalmente por causa de experiencias de rechazo y abandono. Es más, sospecho que en este instante podrías describir recuerdos de sentirte rechazado y abandonado. La palabra rechazo significa *descartar como algo inútil o insatisfactorio,* y cuando lo experimentamos, nos hace sentir *carentes de valor*. Nuestro enfoque hoy en día es acoger nuestro verdadero valor como alguien planeado y creado por Dios mismo. He aquí una clave: Dios no te abandona ni te rechaza. Dios te *acepta*, ahora mismo, tal y como eres. Sus brazos siempre están abiertos para ti. Él siempre está listo para abrazarte cuando vienes a Él, incluso si has estado huyendo de Él o ignorándolo. Cuando regreses, Él estará listo para organizar una fiesta y celebrar tu retorno. Para Él eres muy amado y especial. Él te *anhela*.

Ahora mismo di lo siguiente: "Soy valioso. Dios me ama y me acepta". Nuestra capacidad de crecer en los talentos que Dios nos ha dado tiene una correlación directa con nuestro propio reconocimiento del valor que tenemos como individuos. En consecuencia, nuestra confianza crece al darnos cuenta de que Él nos acepta. Esta maravillosa verdad nos permite abrazar y valorar a los demás. Nuestra capacidad de amar a los demás está totalmente relacionada con la magnitud del amor y la aceptación que nos tenemos. Jesús dijo que los mandamientos más grandes eran amar a Dios con todo tu corazón y amar a las personas *como te amas a ti mismo* (Marcos 12:33). La forma en que tratamos a las personas, incluyéndonos a nosotros mismos, está determinada por nuestra propia valía. Esta es otra clave: nuestra autoestima se solidifica en nuestros corazones al creer que Dios nos ama y nos acepta. Nuestro concepto de autoestima está basado en creer en nuestra identidad. A medida que sabemos quiénes somos en el corazón de Dios, encontramos el verdadero valor y la autoestima, y solo entonces vamos a saber cómo vivir en realidad.

La mayoría de las personas perciben su autoestima con base en los estándares del mundo. Por ejemplo, es común que el valor de una persona se base en el tipo de hogar en el que vive, el automóvil que conduce, el trabajo que tiene, la ropa que usa, los amigos que tiene, su nivel de educación o la calidad y cantidad de posesiones que ha acumulado. Al diablo le encantan estas comparaciones. ¿Por qué? Porque jamás vas a poder lograr lo suficiente o desempeñarte lo suficientemente bien; siempre habrá alguien que tenga o haya logrado más. Cuando nos comparamos con los demás, terminamos sin sentirnos bien con nosotros mismos o henchidos de orgullo porque pensamos que somos geniales. La verdadera autoestima no tiene nada que ver con el rendimiento. Tiene que ver con verse a uno mismo a través de los ojos de Dios.

En este momento, declara: "Voy a verme a mí mismo a través de los ojos de Dios. Mi autoestima no se basa en mi desempeño o en mi forma de actuar". Gracias al amor de Dios, tu valor se basa en dos verdades básicas: Dios planeó cosas para ti y te quiere. Tú no eres un accidente. Dios estaba pensando en ti cuando te creó. Al crearte, te tenía en mente, literalmente. Él se preocupa por todo lo que te concierne, hasta el más mínimo detalle. Él te ama más de lo que nadie en la tierra podría amarte. Como te creó con un amor tan profundo, eres importante para Él. Dios te ve como un tesoro.

> *El reino de los cielos es semejante a un tesoro escondido en un campo, el cual un hombre halla, y lo esconde de nuevo; y gozoso por ello va y vende todo lo que tiene, y compra aquel campo. También el reino de los cielos es semejante a un mercader que busca buenas perlas, que habiendo hallado una perla preciosa, fue y vendió todo lo que tenía, y la compró* (Mateo 13:44-46).

El mercader representa a Dios Padre. Él te dota de un valor tan grande que lo sacrificó todo por ti. Para Él eres de gran valor, *eres la perla de gran precio*. Eres la niña de sus ojos. Tú eres el premio que Él más atesora. ¿Difícil de creer? Cuando adoptes una postura fundamentada en tu verdadero valor, serás fortalecido para creerlo de manera más plena todavía.

Confiesa en este momento: "Yo soy importante para Dios. Soy la niña de sus ojos. Soy el tesoro que Él valora". Tú fuiste creado con una personalidad única y tienes dones particulares. Tienes una posición en el cuerpo de Cristo que solo puedes ocupar tú. Nadie es como tú, y hablando en nombre del resto del cuerpo de creyentes en el planeta tierra, nosotros te necesitamos. Sin ti hay una brecha, un agujero. Tu vida es significativa, ya sea que te des cuenta o no. Has sido llamado y escogido para vivir una existencia relevante que tenga un gran impacto en las personas que te rodean. Para ser importante no tienes que ser increíblemente influyente o famoso. Se trata de un campo de juego equilibrado. La persona más humilde y desconocida para el mundo, es significativa y de gran valor para Dios.

Cuando vamos de compras, antes de adquirir algo revisamos la etiqueta para ver si lo que queremos comprar amerita el precio que le han dado. El precio que estamos dispuestos a pagar refleja el *valor* de esa compra. Dios nos consideró más valiosos que el oro. ¡Él comparó nuestro valor con la sangre real de su propio Hijo! Dios estableció el precio de tu valor.

> *Porque sabéis que no fue con cosas perecederas como plata u oro con lo que fuisteis redimidos... sino con **la sangre preciosa de Cristo**, un cordero sin mancha ni defecto* (1 Pedro 1:18-19).

Piénsalo: Él estaba dispuesto a que la sangre de su Hijo fuera derramada para poder recuperarte. Él abrió un camino para que tú te reconcilies con Él y lo conozcas. ¡Qué costo tan grande! ¡Y para Él, *tú* lo vales! Vale la pena morir por ti. ¿Acaso esto no te quita el aliento?

Ha llegado el momento de que sujetes el toro por los cuernos y proclames la verdad acerca de tu verdadero valor. A medida que declares estas verdades como propias, comenzarás a desmantelar las voces opuestas y a construir sobre los cimientos que Dios ha preparado para ti. Al escucharte decir algunas de estas declaraciones podrías ver que son nuevas. Sé valiente. ¡Acepta tu verdadero valor!

ORA ANTES DE AJUSTAR TU POSTURA

Dios, ayúdame a ver la verdad con respecto a lo que estoy hablando. Dale vida a mis declaraciones. En el nombre de Jesús, rompo con los patrones de pensamiento del pasado que son contrarios a la verdad de Dios.

AJUSTE DE POSTURA: TU VERDADERO VALOR

Soy aceptada. (Juan 1:12)

Le pertenezco a Dios. (1 Co. 6:19-20)

Estoy segura. (Romanos 8:1-2)

Estoy libre de condenación para siempre. (Romanos 8:1-2)

Soy importante. (Mateo 5:13-14)

Yo soy la sal y la luz de la tierra. (Mateo 5:13-14)

Soy el templo de Dios. (1 Corintios 3:16)

He sido redimida y perdonada. (Col. 1:14)

Soy miembro del cuerpo de Cristo. (1 Corintios 12:27)

Por medio del Espíritu Santo tengo acceso a Dios. (Efesios 2:18)

Dios me creó con un propósito. (Filipenses 1:6)

Dios me planeó antes de la fundación del mundo. (Sal. 139:13, 16)

Sus ojos me vieron antes de que yo existiera. (Sal. 139:13, 16)

Dios me creó y me diseñó. (Sal. 139:13, 16)

No soy un accidente. (Sal. 139:13, 16)

Dios me formó en el vientre de mi madre. (Sal. 139:13, 16)

Soy una obra de arte invaluable y fui diseñada por Dios. (Efesios 2:10)

Dios ve en mí un tesoro escondido. (Mateo 13:44)

Él dio todo para que este tesoro pueda ser liberado a través de mi vida. (Mateo 13:44)

Los dones que hay en mí complementan los de los demás. (1 Corintios 12:12-18)

Dios ha dispuesto las partes del cuerpo, cada una de ellas tal como Él quiere que sean. (1 Corintios 12:12-18)

Él me planeó de manera cuidadosa y me creó. No hay nadie más como yo. (Efesios 2:10)

Soy el tesoro de Dios, el objeto de su gran amor. (Juan 3:16)

Vale la pena morir por mí. (Juan 3:16)

Dios sacrificó a su único Hijo por amor a mí, para que yo pudiera conocerlo de verdad y disfrutar de la vida eterna con Él. (Juan 3:16)

Dios me tenía en mente mucho antes de que Él pusiera los cimientos de la tierra. (Efesios 1:4)

Él me planeó y me escogió como el centro de Su amor para que sea santa e intachable ante Sus ojos. (Efesios 1:4)

Soy creada a la imagen de Dios. En mi ADN está el hecho de reflejar su naturaleza. (Gén. 1:27)

Dios me eligió para que viviera en un momento como este. Él tiene un plan para mi vida. (Ester 4:14)

En el libro de Dios, yo soy la perla de gran precio. (Mateo 13:45-47)

Soy bendecida en los lugares celestiales con toda bendición espiritual en Cristo. (Efesios 1:3)

Soy única en mi especie. Los dones que Dios ha puesto en mí son necesarios. (Sal. 139:13-14)

Señor, tú tienes un plan para mi vida. (Jeremías 29:11)

Tus planes son para prosperarme. (Jeremías 29:11)

Me das esperanza y me concedes un futuro. (Jeremías 29:11)

Señor, tú lo sabes todo acerca de mí. (Sal. 139:1-5)

Sabes lo que estoy haciendo en este preciso momento. (Sal. 139:1-5)

Tú conoces mis pensamientos más profundos. (Sal. 139:1-5)

Sabes todo lo que digo incluso antes de que lo diga. (Sal. 139:1-5)

Me aceptaste como tu hija. (Juan 1:12)

Todos los días que me fueron dados se escribieron en tu libro antes de que cada uno de ellos llegara a ser. (Sal. 139:16)

Elegiste el día en que comenzaría mi vida. (Sal. 139:16)

Tu presencia está en todas partes. (Sal. 139:7-10)

No importa a dónde vaya, allí te puedo encontrar, me guías de manera continua y me sostienes cerca de ti. (Sal. 139:7-10)

Nunca me dejarás ni me abandonarás. (Hebreos 13:5)

Para que me redimieras del pecado y de la muerte se requería un sacrificio perfecto. (1 Pedro 1:7)

Solo había un camino: la sangre de Jesús. (1 Pedro 1:7)

Soy el objeto de tu deseo. Tu amor y compasión por mí no tienen fin. (Lamentaciones 3:22-23)

Cuán preciosos son tus pensamientos acerca de mí, oh Dios. ¡Ni siquiera se pueden enumerar! (Sal. 139:17)

Dentro del Cuerpo de Cristo tengo un lugar único que solo yo puedo llenar. (1 Corintios 12:12)

Así como cada parte de un cuerpo se necesita, ¡a mí me necesitan en el Cuerpo! (1 Corintios 12:12)

Tú me tienes en cuenta y me cuidas. Me coronas de gloria y honra. (Sal. 8:4-5)

Ahora soy una hija/hijo de Dios. No hay nada que pueda hacer que me haga más hija/hijo de Dios. (1 Juan 3:2)

Mi parte es creerlo. Lo creo. Lo creo. Lo creo. (1 Juan 3:2)

Fui buscada y adoptada, escogida y apartada para ser heredera con Jesús. (Romanos 8:15-17)

Soy dichosa porque mis ojos ven y mis oídos oyen. (Mateo 13:16-17)

Soy santa, sin mancha, ungida, llamada, perfeccionada, sanada, amada, aceptada y mucho más. No tiene que ver con algo que yo haya hecho, sino que se debe a que estoy en Cristo. (Gálatas 2:20)

No estoy tratando de convertirme en la persona que Dios dice que soy. Soy la persona que Dios dice que soy. (2 Corintios 5:17)

Tengo un nuevo Padre y una nueva identidad. (2 Corintios 5:17)

Mi autoestima no se basa en el desempeño ni en mi manera de actuar. (Efesios 1:6)

Tengo identidad y aprobación de Dios y esto no tiene relación con las obras. (Efesios 1:6)

Dios no se olvida de mí nunca. (Filipenses 1:6)

Él comenzó una buena obra en mí, y confío en que Él será fiel para completarla. (Filipenses 1:6)

Soy aceptada. (Juan 1:12)

Estoy segura. (Romanos 8:1-2)

Soy importante. (Mateo 5:13-14)

ACTIVACIONES DE IDENTIDAD: TÚ ERES UN TESORO DE DIOS

1. Creer en el hecho innegable de que eres el tesoro de Dios es vital para vivir de manera auténtica en tu *verdadero* yo. Tú has estado adoptando una postura de identidad. Ahora es el momento de posicionarte de manera deliberada en un aspecto específico de la identidad: tu valor real y tu total aceptación

por parte de Dios. Con tan solo una semana de confesar estas declaraciones, se debilitarán las viejas fortalezas de la incredulidad, para que disminuyan y caigan. Permite que estas verdades penetren en tu espíritu y te recuerden lo precioso que eres para Dios. Si continúas declarando los versículos de posicionamiento de los capítulos anteriores, sin duda alguna te vas a fortalecer. Tu enfoque principal esta semana es solidificar tu sentido de la autoestima. Adopta una postura en estos versículos dos veces al día y observa la manera en que se transforman tus pensamientos.

2. A lo largo de nuestras vidas, a muchos de nosotros nos han dicho cosas hirientes y que devalúan nuestra estima. Estas palabras destructivas se repiten en nuestras mentes una y otra vez, creando una fortaleza. A medida que descubrimos nuestro verdadero valor en Dios, dichas voces viejas y negativas chocan con la verdad que proviene de Él. Para muchos es difícil verbalizar nuestro verdadero valor y estima. Este capítulo te va a cambiar la vida. Sin embargo, las Escrituras son verdaderas: Eres *muy valorado*. Si tuviste dificultad para leer cualquiera de los versículos de posicionamiento de esta sección, es probable que hayas creído una mentira acerca de ti mismo. En este preciso instante, Dios puede liberar tu espíritu de esa mentira y traerle sanidad y valor a tu corazón.

Comienza con un versículo que se te dificulte creer. Pídele a Dios que te ayude a ver la mentira que te impidió creer la verdad. Identifica la mentira. Tranquiliza tu corazón. Rompe verbalmente el acuerdo que has tenido con esa mentira. Di: "Señor, lo siento por creer esa mentira. Hacerlo me ha impedido creer en tu Palabra. ¡En el nombre de Jesús, rompo mi acuerdo con semejante mentira y le ordeno a cualquier espíritu demoníaco apegado a ella que me abandone ahora! ¡Declaro rota la atadura!

De ahora en adelante, creo _____". Escribe el versículo de nuevo con tus propias palabras. Pídele a Dios que sane tu corazón allí donde había entrado la mentira. Relájate unos minutos. Sumérgete en la presencia de Dios. Acepta que en Él tienes un gran valor, estima y significado. Eres la persona que Él dice que eres, no la que dice el mundo.

3. Esta semana mírate directamente a los ojos en un espejo varias veces. Señálate a ti mismo y di: "Eres aceptado por Dios. ¡Dios te creó y te planeó! Tu valor y tu estima se basan en lo que Dios dice que es verdad acerca de ti, ¡y nada más! ¡Él te ama mucho más de lo que puedas imaginar!".

4. Cuando te sientes deprimido, lo más probable es que te estés juzgando a ti mismo con una voz áspera relacionada con la autocrítica. ¡Suelta eso en el nombre de Jesús! Dios te ama y te acepta. Dios atesora a las personas por encima de todo, y eso te incluye *a ti*. Lee Romanos 8:38-39. Según los versículos 38 y 39, ¿qué nos puede separar del amor de Dios?

5. Cuando tienes pensamientos negativos hacia alguien, es probable que estés juzgando a esa persona con la misma voz crítica con la que te has juzgado. Detente y piensa en algo que te guste de él o ella. De acuerdo, en algunos casos puede ser difícil encontrar algo. ¡Tal vez te guste su cabello o su tono de piel! ¡Encuentra *algo*! Pídele a Dios que derrame más amor en tu corazón por las personas. Semejante tipo de amor no lo puedes conjurar: Él lo derrama en ti. ¡Pídele y Él lo hará! ¿Qué estás haciendo a través de esto? Estás silenciando esa voz crítica, y es probable que también comiences a notar que ya no eres tan duro contigo mismo.

ORACIÓN: TÚ ERES EL TESORO DE GRAN PRECIO

Jesús,

Perdóname por albergar sentimientos negativos sobre mí mismo. Tú me creaste e hiciste un buen trabajo. Desde tu punto de vista, yo soy un tesoro invaluable. Perdón por criticarme y quejarme de ciertos aspectos de mí mismo. Dios, tú eres genial. Te alabo y te adoro. Gracias por amarme primero. Por favor, ayúdame a verme a mí mismo de la manera en que tú me ves y a tener esta revelación arraigada de manera profunda en mi espíritu. Ayúdame a reconocer y entender de verdad que tú me creaste a tu imagen y para tu gloria.

Amén.

PALABRA CELESTIAL

Amado, tú eres el objeto de mi amor. Tú eres tan precioso para mí y tan amado por mí que vales la vida de mi Hijo. Te planeé con mucho cuidado y te anhelé. Yo veo tesoros asombrosos en ti. ¡Sí, dentro de mi tesoro hay tesoros! ¡Tesoros listos para ser desempacados y para cobrar vida! ¡Para que se disfruten y multipliquen! Yo abrí el camino para que me encontraras. ¡Cuando me elegiste de nuevo, me regocijé! En ese momento, entraste en la eternidad conmigo. Y ahora, ¡comienza una gloriosa aventura!

JUAN 3:16; 1 CORINTIOS 12

*Sean bondadosos y compasivos unos con otros,
Perdónense mutuamente, así como Dios
los perdonó a ustedes en Cristo.*

EFESIOS 4:32

5

PERDONADO POR COMPLETO

*Perdonar: Un acto a través del cual una persona
libera a otra de una ofensa—
negarse a imponer la pena que le corresponde a él o ella.*[3]

Mi largo brazo hizo un movimiento gigante y así arrojé al suelo todos los papeles que cubrían la mesa del comedor. Estaba enojada, y mi prometido fue quien recibió la peor parte. Me miró, miró sus papeles importantes que yacían en la alfombra y salió en silencio. Se montó en su camioneta y se fue. Yo estaba horrorizada ¿Qué había hecho? Recogí el desorden y traté de reorganizarlo sobre la mesa. Tenía que arreglar el problema. Me subí a mi auto y conduje hasta el rancho donde teníamos nuestros caballos. Sabía que él se había ido para allá porque era la hora de comer. Me vio desde lejos y caminamos el uno hacia el otro. Tan pronto como llegué donde él estaba, le dije: "Lo siento". Sin dudarlo contestó: "Te perdono". Yo quedé anonadada. Perdonar así de rápido era algo que no tenía lugar en el viejo Les. Pero recientemente, él

---

[3] New Spirit Filled Life Bible, ed. Jack W. Hayford, Litt.D. (Thomas Nelson Publishers, 2002), 1675.

había conocido a Jesús, y Les, la nueva creación, me perdonó, tal como Jesús lo había perdonado a él.

Cada uno de nosotros tiene un pasado. Cada uno de nosotros necesita el perdón. Parte de la belleza de reconciliarnos con Dios radica en su perdón omnipresente por todo lo que hemos hecho. No importa cuán grande o pequeño sea lo que hicimos, Dios nos perdona por todo. Su bondad nos conduce al arrepentimiento (Romanos 2:4).

El arrepentimiento es decirle a Dios que sientes lo sucedido, para proceder a darle la espalda al pecado. Se evidencia en un cambio de 180 grados. Es un cambio de *mentalidad*, que deriva en un cambio de *acción*. Los viejos caminos quedan atrás, y el Espíritu Santo toma el control para enseñarnos la manera en que las cosas acontecen en el Reino. Cuando pedimos perdón en el Reino de Dios, somos perdonados y también nos convertimos en personas que perdonan. Así funciona el perdón en nuestras vidas. Ahora mismo, si has confiado en el pago de Cristo por tus pecados, di: "He sido perdonado por todo. Todo ha sido lavado y mi tablero está limpio". ¡Ahora has entrado en la zona de la no condenación! Declara en voz alta: "Basta de sentirme mal y culpable. Jesús lo lavó todo. ¡*No* estoy bajo condenación!".

Todas podemos escribir un libro sobre la manera en que nos han lastimado. Nadie está exento de que en su vida sucedan cosas terribles. Nuestra inclinación natural es vengarnos, devolver el daño o al menos hacerles saber a las personas que no nos agradan, incluso que las odiamos. Como reacción a nuestro dolor, nos encargamos de hacer justicia. Nos subimos al asiento del juez y ejecutamos el juicio, acusando a nuestro malhechor de sus crímenes en contra de nosotros. Es natural que queramos que todo el mundo esté enterado de la injusticia que nos hicieron, para que puedan unirse a nuestra perspectiva. Solo hay un problema: la falta de perdón *nos ata* con cadenas y *nos impide* entrar en el Reino de intimidad y poder de Dios. Así de simple. *Nos* impide vivir en nuestra verdadera identidad. Nuestra identidad en Cristo incluye el perdón hacia nosotros mismos y hacia los demás. Un corazón dispuesto a perdonar de verdad sigue los pasos de Jesús.

Puede que te haya pasado algo horrible. Me atrevería a decir incluso que Dios está enojado por lo que te pasó. Pero el asiento del juez no lo debes tomar tú porque no te pertenece. (Romanos 12:19-21). El tribunal le pertenece a Dios. Solo Él puede ver el panorama completo. Solo Él es el Juez justo. Ese no es tu trabajo.

Piensa en el perdón radical que has recibido por causa de las cosas *que* has hecho. Ahora imagínate que sigues adelante muy feliz y que de repente recuerdas que alguien te ofendió. Aunque te han perdonado mucho, notarás que quieres que se haga justicia por lo que te hicieron, y que no quieres pasarlo por alto. Todos hemos estado en este lugar. Cuando esto sucede, es posible que incluso comencemos a sentirnos enojados con Dios por permitir que suceda la situación. Aunque esta actitud puede hacernos sentir más poderosos y en control de nuestra problemática, hay una situación seria que se deriva de esta actitud. Jesús dijo que si no les perdonamos a las personas sus ofensas, nuestro Padre celestial no nos perdonará las nuestras (Mateo 6:14-15). ¡Ayayai! Jesús también nos advirtió que seríamos entregados a los verdugos (Mateo 18:21-25). La falta de perdón produce tormento interior. No genera ni paz, ni victoria y mucho menos libertad.

Así funciona el Reino: Dios sana tu corazón cuando te bajas del asiento del juez y haces lo que Él hizo por ti: perdonar. ¿Es fácil? No siempre. Basado en su fuerza, puedes perdonar y recibir perdón. Él te perdona todas las tonterías que has hecho, las buenas, las malas y las feas. Todas. Tú das el primer paso cuando decides perdonar a los demás y lo expresas de manera oral. Jesús se encarga de ahí en adelante. Mucha gente no perdonará, porque hacerlo podría de alguna manera justificar la mala acción. No, el perdón se enfrenta a la mala acción, la reconoce como tal y luego se levanta por encima de ella, desprendiendo el daño continuo y el dolor causado que dicha acción causó. El perdón es una elección de confiar en *Dios* para que sea tu Defensor y Juez Final. Esto requiere una confianza más profunda y a Él le agrada cuando le permitimos manejar nuestro caso. Perdona a los demás hasta el punto de orar por ellos, y así la libertad será tuya. Tu tablero quedará limpio.

¿Quiere decir entonces que el perdón implica que las personas que te han agraviado se están *saliendo con las suyas*? En realidad, ¡significa con mayor precisión que *tú* estás saliendo de ese embrollo! Ya no estarás atado a la persona que te lastimó, y ahora todo es un asunto de Dios. Tus manos quedan limpias al respecto. Y eso se siente muy bien.

Es muy probable que la primera persona a la que necesites perdonar sea a ti mismo. Cuando las personas no se perdonan a sí mismas, no tardan en aparecer la auto-condenación y el desprecio. Si alguna vez te despiertas en la noche y te estremeces cuando piensas en algo que hiciste que no estuvo bien, es muy probable que estés guardando la ofensa contra ti mismo y te estás condenando. Tú puedes perdonarte y liberarte a ti mismo, tal como perdonas y liberas a otros. Tú eres muy especial para Dios, eres un tesoro tan grande para Él que el cielo se entristece cuando eres tan duro e implacable contigo mismo. Declara en este instante: "Me perdono a mí mismo. Ya no tendré juicios contra mí mismo, ni seré tan crítico conmigo mismo. Se acabó. ¡Me *perdono*!" Confía en Dios, y Él te permitirá amarte. ¿Acaso esto no es algo lindo?

Una cosa más. Tenemos que perdonar a la Novia—a la iglesia. El Padre ama a la Novia y la está preparando para Su Hijo. Ella todavía no es perfecta. Hay muchas cosas sobre ella que tal vez te desanimaron o lastimaron. Puede que los líderes te hayan defraudado, hayan abusado de tu autoridad o roto tu confianza, dejándote desilusionado. Tal vez fuiste traicionado, rechazado, deshonrado, expulsado o los dones que te dio Dios fueron apagados y no contaron con un buen recibimiento. No obstante, puedes adoptar una postura de amor y perdón hacia la iglesia. ¡Soltarlo todo y estar libre de resentimiento se siente muy bien!

Es posible que tengas ira o resentimiento hacia Dios. Tal vez las cosas no salieron como querías y culpas a Dios por eso. Cuando nos aferramos a una ofensa en contra de Dios, para dejar de hacerlo debemos fijar nuestro corazón en lo que es verdadero acerca de la naturaleza y el carácter del Señor. Hay dos cosas que son ciertas e irrevocables: Él te ama y Él es bueno. Ese es nuestro punto de partida.

Tu verdadero yo perdona. *Tu verdadero yo* está perdonado. *Tu verdadero yo* es dador y receptor de perdón. Una faceta muy hermosa, emocionante e integral de tu verdadera identidad es su disposición y capacidad para perdonar, la cual es fortalecida por Dios. Puedes lograrlo. Él te va a ayudar. Así que empecemos. Aquiétate con Dios y orienta tu corazón hacia Él. De manera dócil, inicia el maravilloso proceso del perdón.

ORA ANTES DE AJUSTAR TU POSTURA

Dios, ayúdame a ver la verdad subyacente a lo que estoy declarando. Dale vida a mis declaraciones y rompe con los patrones de pensamiento antiguos que son contrarios a tu verdad, en el nombre de Jesús.

AJUSTE DE POSTURA: PERDÓN

Perdóname Señor por mis pecados. (1 Juan 1:9)

Confieso que muchas veces no he hecho lo correcto, sino que he hecho cosas contra ti. Lo siento mucho. De verdad lo lamento. (1 Juan 1:9)

Elijo dar la vuelta por completo e ir hacia el otro lado, en pos de la dirección de Dios. (1 Juan 1:9)

Tú eres tan amable y tierno conmigo. Tu bondad Señor, es la que me conduce al arrepentimiento genuino. (Romanos 2:4)

Tómame firmemente de la mano y llévame hacia un cambio radical de vida. (Romanos 2:4)

Perdóname por _____. Te pido perdón. Lo siento mucho. (Hechos 2:38)

En el nombre de Jesucristo me arrepiento y pido que mis pecados sean perdonados. (Hechos 2:38)

Por favor, bautízame en el Espíritu Santo. (Hechos 2:38)

Tú eres fiel y justo. (1 Juan 1:9)

Cuando confieso mis pecados, tú los perdonas y me limpias de toda maldad. (1 Juan 1:9)

He sido perdonada. (Sal. 103:3)

El tablero queda limpio. Todos mis pecados son perdonados. (Col. 2:13)

La orden de arresto en mi contra queda cancelada y clavada en la cruz. (Col. 2:14)

¡Pagaste el precio que yo debería haber pagado para que yo pueda caminar libre! (Col. 2:13-14)

Sin derramamiento de sangre, no hay perdón. (Hebreos 9:22)

Yo cuento con perdón gracias a la sangre que derramaste por mí en la cruz. (Hebreos 9:22)

Jesús, soy libre por tu sangre derramada en la cruz. ¡No solo un poco libre, sino libre de manera exorbitante! (Efesios 1:7)

Estoy redimida y perdonada conforme a las riquezas de tu gracia. (Efesios 1:7)

¡Estoy muy agradecida! No solo me perdonas, sino que también olvidas todo lo que he hecho en el pasado. ¡No lo guardas en mi contra! (Isaías 43:25)

Así como el oriente está lejos del occidente, así Dios alejó de mí mi transgresión. (Sal. 103:12)

No hay condenación para los que están en Cristo Jesús. ¡Eso me incluye! ¡NO estoy bajo condenación! (Romanos 8:1)

Yo no ando conforme a la carne sino conforme al Espíritu. (Romanos 8:1)

Sé que necesito perdonarme a mí misma. Elijo dejar de reproducir aquellas escenas de mi vida en las que obré mal. Dejo de rememorarlas una y otra vez. Me perdono a mí misma.

Me perdono por _____.
(Hebreos 9:14)

Señor Dios, limpia mi conciencia de la culpa con la que he luchado en mi vida. (Hebreos 9:14)

Ya no me voy a acusar ni a condenar por las cosas que he hecho. (1 Juan 3:20)

Aquí mismo, ahora mismo, abro mi corazón y recibo tu perdón. (1 Juan 3:20)

Ya no vivo en la culpa y la vergüenza. Me presento con confianza ante ti, Señor. (1 Juan 3:21)

Así como Dios me ha perdonado en Cristo, yo perdono a los demás de manera rápida y voluntaria—esto incluye a mi madre, padre, hermana, hermano, esposo, esposa, maestros, vecinos, amigos y también a los extraños—a todos los que tú recuerdes. (Efesios 4:32)

Perdóname por aferrarme a una ofensa. Perdóname por estar de acuerdo con ella. Rompo mi acuerdo con ella. (Efesios 4:32)

Señor, te entrego a todas las personas que he perdonado. Y declaro bendición sobre ellas. Bendícelas, Señor. (Efesios 4:32)

Yo perdono a la Novia—a la iglesia. Perdono a las personas de la iglesia y a los líderes de la iglesia por _____. (Mat. 6:14)

Perdóname por aferrarme y ponerme de acuerdo con una ofensa relacionada con la iglesia. (Mateo 6:14)

Libero y bendigo a tu hermosa Novia -la iglesia-. (Mateo 6:14)

Ya no los tengo cautivos. Declaro amor y bendición sobre la iglesia y sobre los líderes. (Mateo 6:14)

Así como yo perdono a la Amada Esposa, mi Padre celestial también me perdona. (Mateo 6:14)

Señor, perdóname mis pecados, como yo también perdoné a los que han pecado contra mí. (Mateo 6:12)

Dios, ha habido ocasiones en las que te culpé por mi situación. Perdóname. Lo siento mucho. Saca todo resentimiento y amargura de mi corazón y libérame. (Hebreos 12:15)

Eres un Dios bueno y compasivo, que me colma con un amor y una bondad increíbles. (Romanos 8:28)

No hay duda de que todo obra para mi bien. (Romanos 8:28)

ACTIVACIONES DE IDENTIDAD: DECIRLE "SÍ" AL PERDÓN

1. El perdón es parte de tu verdadera identidad. Estás siendo transformado a su semejanza, y Dios es Perdonador. Los versículos de posicionamiento del perdón te llevarán a un lugar seguro con Dios, donde te puedes sumergir en el proceso del perdón. De manera deliberada colocas tu corazón para perdonar. Conserva estos versículos cerca de tu corazón y repítelos un par de veces al día. Si puedes hacer esto durante una semana, tu corazón va

a ablandarse de verdad y llegará sanidad para las heridas que has tenido allí durante mucho tiempo.

2. El perdón es algo con lo que nunca terminamos. Muchos de nosotros escondemos la cabeza en la arena y lo evitamos. Nos resistimos a perdonar. En Mateo 18, a Jesús le preguntaron cuántas veces debemos perdonar:

> *Entonces se le acercó Pedro y le dijo: Señor, ¿cuántas veces perdonaré a mi hermano que peque contra mí? ¿Hasta siete? Jesús le dijo: No te digo hasta siete, sino aun hasta setenta veces siete* (Mateo 18:21-22).

Perdonar no siempre es algo que sea fácil para nosotros. Jesús nos ha pedido que hagamos algo que es totalmente contrario a la manera en que funciona el mundo, pero el perdón sanará tu corazón. Las ofensas nos llegan de manera constante, y nuestro trabajo es adquirir una postura de perdón de por vida. Los versículos de posicionamiento que has leído en voz alta requieren de valentía. Reconocer a las personas que necesitas perdonar podría reabrir viejas heridas antes de que la sanidad las cubra y tu alma se restaure. El perdón *te libera*. En asocio con Dios, el perdón puede penetrar en tu corazón de manera más profunda y convertirse en una forma de vida para ti.

Pídele al Espíritu Santo que te muestre a una persona que necesitas perdonar. Acállate un momento con Dios. Con el Espíritu Santo a tu lado, profésale perdón al individuo en cuestión. Recuerda que este es un punto de partida. En el próximo capítulo, abordaremos cómo sanar *por completo el lugar herido de tu corazón*. Pídele a Dios que sane tu corazón. Relájate. Sumérgete en la presencia de Dios. Acepta el bálsamo sanador del cielo que marina tu corazón. Tan solo respira.

3. Por causa del perdón continuo de Dios, no debemos sufrir condenación. Para esta activación, estamos tomando en serio el hecho de que es cierto lo que dice 1 Juan 1:9: "Si confesamos nuestros pecados, él es fiel y justo para perdonar nuestros pecados y limpiarnos de toda maldad". Puede que te arrepientas de haber estado involucrado en ciertas situaciones, que te arrepientas de haber hecho o dicho cosas y que debas presentarlas ante Dios. Cierra los ojos y di: "Señor muéstrame dónde necesito tu perdón". Aquieta tu corazón y deja que Él te revele lo que necesitas ver. Luego, ponlo todo al pie de la cruz y pídele que te perdone.

Si esta es la primera vez que le pides a Dios que te perdone por cosas que has hecho en el pasado, entonces también puede ser el momento para invitar a Jesús a ser el Señor de tu vida. Si hace algún tiempo aceptaste a Jesús, pero te alejaste o no has estado viviendo para Él, invítalo de nuevo a tu vida. Vuelve a comprometerte con Jesús. Dios te está llamando y llevándote de regreso a sus brazos. Ahora mismo, aquieta tu corazón y pídele que entre en tu vida. Di: "Jesús, ven a vivir en mi corazón. Siento mucho todo lo que hice que estaba mal y que era en tu contra. Perdona todos mis pecados. Tú diste tu vida por mí para que pudiera tener una relación profunda y cercana con Dios. Gracias por morir en la cruz por mí. Ahora te amo, y te pertenezco Jesús. ¡Voy a vivir mi vida por ti! Amén".

4. Para preparar tu corazón para esta activación, ora: "Debido a que Cristo me perdonó, perdonaré a los demás. Esto no lo puedo hacer separado de ti, Señor. Te pido que me ayudes. Ayúdame a perdonar". Pídele al Espíritu Santo que te muestre las situaciones en las que te lastimaron y las personas a las que debes perdonar. Con su ayuda, haz una lista. En la segunda activación comenzaste el proceso de perdón. A lo largo de la semana, sigue con el mismo proceso y usa tu lista. Si experimentaste un trauma

de gran magnitud, sería mejor que te reunieras con un creyente maduro para que te acompañe en el proceso de perdón.

Esta es una guía que puedes utilizar:

1. Perdona en voz alta a la persona que necesitas perdonar. Con tus propias palabras, elige perdonarla.
2. Pon todas las ofensas bajo la sangre de Jesús.
3. Pídele a Dios que te perdone por aferrarte a la falta de perdón y por asirte a la ofensa.
4. Entrégale a Dios cada persona.
5. Declara una bendición sobre la vida de aquellos a quienes has perdonado.
6. Descansa en los brazos amorosos de Dios.

5. No es raro que el ámbito demoníaco te acuse de no haber perdonado de verdad a una persona. Nueve de cada diez veces, el enemigo intenta atormentarte. Siempre pregúntale a Dios primero sobre lo que está sucediendo. Él te dirá si con alguna persona se requiere de más perdón. Tu primer paso ha sido declarar perdón hacia alguien. El Señor obrará en ti todo el proceso del perdón, haciéndolo descender hasta tu corazón. Cuando lleguen las acusaciones, declara: "Señor, según tu palabra, yo he perdonado a esta persona. Me ayudaste con eso. Ya perdoné a _____".

ORACIÓN: EL VERDADERO PERDÓN

Querido Señor,

Así como tú me perdonaste, yo perdono a los demás. Declaro bendiciones sobre ellos. Acércalos todavía más a ti y llénalos de bendiciones. Dales una mayor comprensión de tu amor por ellos. Dame una mayor comprensión de tu amor por ellos. Mientras sigo proclamando el perdón, vierte un bálsamo sanador sobre mi corazón y sana los lugares que han sido heridos. Dame un corazón tierno hacia la gente. Te pido que superpongas sobre mi corazón más del tuyo. Estoy muy agradecido por lo que has hecho por mí. Te amo Jesús.

Amén.

PALABRA CELESTIAL

Precioso, te he pedido que hagas algo que es difícil de entender para el mundo: Perdona a los demás como te he perdonado. Ante mí, todo quedará al descubierto. Yo lo sé todo. Yo veo todo. Soy un Dios justo. Créeme, cuidaré de ti. Tu trabajo es perdonar y entregarme el asunto. Puedes lograrlo. Yo ya fui delante de ti y te he abierto camino. Entrégame tu dolor. Te voy a restaurar.

COLOSENSES 3:13; HEBREOS 4:13; ISAÍAS 61:10

Él sana a los quebrantados de corazón, y venda sus heridas.

SALMO 147:3

6

UN CORAZÓN SANO Y RESTAURADO

Sanar: Reparar y restaurar a su estado
original; en perfecta condición.

"¡Ay, eso dolió!" fueron las primeras palabras que salieron de la boca de Jenny. Se acababa de golpear la cabeza con fuerza contra el suelo porque una mujer alta y grande se desplomó hacia atrás y aterrizó sobre ella. La música de alabanza llenaba la sala de conferencias y los ojos de casi todos estaban cerrados, incluso los de Jenny. De repente, ¡PUM! Quedó tumbada de espaldas con una mujer grande encima de ella. ¡Eso dolió! Fue lo que dijo. En ese momento, Dios le habló: "He estado esperando que digas eso". Él procedió a guiarla a través de ciertos pasos para sanar heridas profundas en su corazón. El primer paso fue *admitir el dolor*.

Nuestra verdadera identidad se vuelve más completa a medida que se sanan las heridas emocionales de nuestros corazones. Jesús vino a sanar todo el dolor, la traición, el rechazo, el abandono y el abuso emocional que has experimentado en tu vida. La sanidad emocional también es para ti. Tu corazón debe estar pleno. Cuando Jesús anunció su ministerio en Lucas 4, se aseguró de decir que fue enviado para liberar a los oprimidos. En otras palabras, su misión en la tierra incluía liberarte de toda opresión y sanar tu corazón.

Muchos de nosotros nos aferramos a nuestras heridas como una insignia de honor. Tratamos de ignorar o enterrar nuestro dolor. Cuando Jesús entra en escena, revela las grandes heridas que tenemos retenidas en nuestro corazón. Ellas se deben abordar. Es crucial hacerlo. No recibir esta sanidad es negar que su corazón compasivo se edifique en nosotros. No podremos ministrarles sanidad a los corazones de otras personas sino experimentamos la nuestra. Es más, cuando nos posicionamos en la Palabra de Dios, los versículos llegan hasta cierto punto si no se nos han sanado las grandes grietas de nuestro corazón. Decir los versículos ayudará, pero nuestra transformación personal incluye la sanidad de las heridas principales. Cuando las lesiones no se tratan, se obstaculiza una vida de alegría y libertad. Las heridas pueden apagar el fuego del amor.

Algunas heridas requieren perdón. Otras requieren arrepentimiento. La sanidad de unas heridas depende de la fe—de creer de verdad en Dios por medio de su palabra. Romper el poder de las palabras declaradas sobre la vida de una persona puede sanar heridas. Con cada nueva aventura, si no estamos sanos, las heridas del abuso físico, emocional o mental sangrarán, dejándonos sin esperanza e incluso impotentes para ver que tenemos un futuro. Todas las heridas requieren de dejar atrás el pasado y de rehusarse a conservar la herida como una insignia de honor para depositar excusas sobre ellas. Sí, en ocasiones le construimos altares a nuestras heridas y las adoramos. Pero no lo hagas. Si lo haces, pronto descubrirás que tu identidad está distorsionada, que el foco recae sobre tu herida y sobre sentir lástima por ti mismo. Admitir el dolor y sentirse mal por toda la situación está bien y es normal, si es de manera temporal. Pero no te quedes allí. No te subas en una butaca de forma permanente, diciéndole a cualquiera que esté dispuesto a escucharte: "¡Mira lo horrible que me pasó!". La autocompasión es una trampa que te enreda y te mantiene atado si acampas allí. Sigue avanzando en el proceso de sanidad. Lo lograrás. Jesús vino a sanar a los quebrantados de corazón.

> Él Sana a los quebrantados de corazón y
> venda sus heridas (Salmo 147:3)

Con frecuencia, el dolor y la ira están relacionados entre sí. Cuando sufrimos una pérdida o una traición, la ira interviene de inmediato. Ella trata de encubrir el dolor para que no lo sintamos con tanta profundidad. La ira es perversa. Puede consumir a una persona, trayendo enfermedad al cuerpo y separación de las personas. El miedo también se esfuerza por tener parte en una herida. El miedo asociado con un corazón herido suele ser un temor anormal que nos congela e impide que podamos avanzar en un área de nuestras vidas. Es un espíritu demoníaco. El miedo nos mantiene atascados. Cuando estamos así, no hay avance.

Jenny es una amiga mía muy cercana. Ella ha ministrado durante años los pasos específicos que el Señor le reveló para sanar las heridas del corazón. Aunque podría escribir un libro completo al respecto, compartió conmigo una versión muy breve. Esta no es la única forma de sanar tu corazón, pero es un buen comienzo.

PASOS HACIA LA SANIDAD DE TU CORAZÓN

1. Decir: "¡Ay, eso duele!" es una admisión de que alguien te hizo daño y que de hecho te hirieron. El dolor todavía está muy

adentro, pese a que trates de disimularlo, enterrarlo y, en general, ignorarlo. El primer paso para sanar tu corazón es admitir la lesión.

2. El siguiente paso es perdonar a la persona que te lastimó. Si no te sientes del todo listo, comienza simplemente *declarando* perdón hacia la persona. Al principio, es posible que no sientas que tu corazón está vinculado en ello. Pídele a Dios que te ayude a perdonar del todo, no solo con tu boca. El acto de perdonar es un proceso en desarrollo. Además, pídele a Dios que te muestre si a nivel personal contribuiste con la situación. Si tuviste parte en ello, dile a Dios que lo sientes. Además, sé amable contigo misma y perdónate.

3. Por lo general, una traición genera emociones negativas como la ira o el miedo. Estas emociones iniciales son normales y forman parte de todo el proceso de admitir el dolor y sanar tu corazón. Pero si la emoción persiste, puede que estés lidiando con un espíritu atormentador. Como seguidor de Jesús, tú tienes autoridad sobre el ámbito demoníaco. Lee Lucas 10:19, y verás que Jesús nos dio autoridad para vencer a los espíritus demoníacos. Ordénale al espíritu de miedo, de ira o de lo que sea, que se vaya en el nombre de Jesús.

4. Pídele a Dios que venga y sane tu corazón, y luego cree que Él está haciendo justo eso: sanarlo y restaurarlo. Agradécele por tu sanidad. Recuerda, Jesús vino a sanar a los quebrantados de corazón. Cada uno de nosotros experimenta quebrantamiento en un momento u otro y necesitamos de su poder sanador. Nada nos restaura como lo hace el poder de Dios.

A estas alturas, es probable que el Espíritu Santo haya traído las heridas de tu corazón a tu mente. Él hace eso. Dios nos quiere plenos y sanos. Practica el uso de estos pasos de sanidad para cada herida. Si tienes heridas muy profundas, reúnete con alguien de confianza y sigue los pasos. Recuerda: no estás escarbando en los botes de basura de tu pasado. Dios mismo despliega tu proceso de sanidad. Tu Padre celestial pondrá sobre la mesa el siguiente lugar que requiere sanidad y lo hará de manera gentil. En las Activaciones de identidad, le dedicaremos tiempo a esto.

A medida que adoptes la postura de sanar las heridas del corazón, Dios te consolará, fortalecerá y derramará de su aceite sanador sobre tu corazón. Él es una ayuda siempre presente en tiempo de angustia. Declara estas verdades con ternura mientras te lava el agua de la Palabra.

ORACIÓN ANTES DE AJUSTAR TU POSTURA

Dios, ayúdame a ver la verdad con respecto a lo que estoy hablando. Dale vida a mis proclamaciones y en el nombre de Jesús, rompe con los patrones de pensamiento pasados que son contrarios a tu verdad.

AJUSTE DE POSTURA: UN CORAZÓN SANADO Y RESTAURADO

¡Jesús sana mi quebrantado corazón! (Isaías 61:1)

¡Jesús sana cada lugar de mi corazón que está destrozado! (Isaías 61:1)

¡Jesús sana los pensamientos y sentimientos destrozados! (Isaías 61:1)

¡Jesús sana cada lugar despedazado de mi corazón! (Isaías 61:1)

¡Jesús sana cada palabra equivocada que se dice sobre mí! (Isaías 61:1)

¡Jesús sana cada rechazo, cada dolor y cada herida! (Isaías 61:1)

¡Jesús sana cada dolor, cada vergüenza y cada temor! (Isaías 61:1)

Él vino a sanar a los quebrantados de corazón. ¡Quiere decir que vino a salvarme a mí! (Isaías 61:1)

¡Jesús está sanando mi corazón! ¡Aquí y ahora! (Isaías 61:1)

Puede que yo tenga grandes abolladuras. Puede que tenga pequeñas líneas de fractura. ¡Jesús las sana todas! (Sal. 147:3)

El Señor está muy cerca de los quebrantados de corazón y rescata a los que están abatidos de espíritu. (Sal. 34:18)

Si mi espíritu es destrozado, Él me rescata. (Sal. 34:18)

Señor, tú me consuelas en todos mis problemas para que yo pueda consolar a quienes estén en cualquier dificultad. (2 Corintios 1:4)

Tú eres el Dios de todo consuelo y el Padre de la compasión. (2 Corintios 1:3)

Señor en ti confío, y no me apoyo en mi propio entendimiento. (Proverbios 3:5-6)

Te reconozco en todos mis caminos y Tú enderezarás mis veredas. (Proverbios 3:5-6)

¡Mi carne y mi corazón pueden desfallecer, pero tú, Señor, eres la fortaleza de mi corazón y mi porción para siempre! (Sal. 73:26)

Tú sanas las fracturas de mi corazón y vendas mis heridas. (Sal. 147:3)

Estoy de pie en tu amor que ha sido derramado en mi corazón por medio del Espíritu Santo. (Romanos 5:5)

Tú enjugarás cada lágrima de mis ojos. (Apocalipsis 21:4)

El amor todo lo soporta, todo lo cree, todo lo espera, todo lo aguanta. (1 Corintios 13:7)

Señor, tu gracia me basta, porque tu poder se perfecciona en mi debilidad. (2 Corintios 12:9)

Vengo a ti con todo mi cansancio y mis pesadas cargas, y tú me refrescas. (Mateo 11:28)

En ti encuentro paz. (Juan 16:33)

En ti hallo descanso. (Mateo 11:28)

Echo sobre ti todas mis preocupaciones, todas mis ansiedades, y todas mis inquietudes, porque tú me cuidas. (1 Pedro 5:7)

¡Día a día, se renueva mi ser interior! (2 Corintios 4:16)

¡Día a día, mi corazón se está renovando! (2 Corintios 4:16)

¡Bálsamo sanador de Dios, derrámate sobre mi corazón ahora mismo! (Lucas 4:18)

ACTIVACIONES DE IDENTIDAD: SANIDAD DE LAS HERIDAS DEL CORAZÓN

1. Guarda estos versículos cerca de tu corazón porque son vida y son verdad. "Él envió Su Palabra y los sanó..." (Salmo 107:20). Esta semana dedica tiempo a declarar cosas sobre ti, al menos una vez por la mañana y otra por la noche. Oro para que ya hayas establecido una disciplina para adoptar posturas en la Palabra de Dios. Continúa recitando los versículos de otros capítulos según te guíe el Espíritu Santo. Estás en un momento de renovación. La renovación requiere esfuerzo y sacrificio. Es muy probable que tengas que renunciar a algo para crear el tiempo extra para adoptar posturas y renovar tu mente. Tu creencia en tu verdadera identidad está ganando fuerza.

2. En este momento, tu corazón está en proceso de ser sanado por el Señor. Y mientras Él te sana, las heridas quedan al descubierto. A veces las heridas son tan profundas que nos cuesta creer que llegará el día en que sanaremos por completo. Si tuviste dificultad para leer cualquiera de los versículos de posicionamiento mencionados, puede que haya una mentalidad equivocada o una mentira que te dice que no puedes ser sanado. Ahora mismo,

Dios puede liberar tu espíritu de esa mentira y traerle sanidad y restauración a tu corazón.

Mira los versículos en mención y encuentra uno que te resulte difícil de aceptar.

Pídele al Espíritu Santo que te muestre la mentira que te impidió aceptar la verdad del versículo. Considera que la mentira puede ser que tu experiencia fue terrible, extrema y que no puedes sanarte por completo. Identifica la mentira que aceptaste en tu corazón.

Pídele a Dios que te perdone por estar de acuerdo con la mentira y por construir una mentalidad equivocada. Rompe de manera verbal el acuerdo que has tenido con la mentira. Di: "Señor, siento haber creído una mentira. Me impidió confiar en ti y creer en tu Palabra. ¡En el nombre de Jesús, rompo mi acuerdo con esa mentira y le ordeno a cualquier espíritu demoníaco adjunto a ella que me suelte ahora! ¡Declaro que esa atadura está rota! Te entrego el dolor de mi corazón. Sana mi corazón allí en el lugar donde entró la mentira". Relájate. Sumérgete en la presencia de Dios. Acepta el bálsamo sanador del cielo que marina tu corazón. Tan solo respira.

3. Jesús vino a sanar a los quebrantados de corazón. (Ver Isaías 61:1 y Lucas 4:18.) Quebrantado de corazón significa aplastado, destrozado y magullado. Cierra los ojos y pídele al Espíritu Santo que te revele cuál es el siguiente lugar que Él quiere sanar en tu corazón. Quédate en silencio y pídele que empape tu corazón con su aceite sanador. Pon tu mano sobre tu corazón y di: "Corazón, es hora de sanarse". Comienza por una situación que tenga una herida muy pequeña. Sigue los cuatro pasos. Ten en cuenta que cuando vayas en pos de objetivos más grandes, es

posible que desees hacerlo en compañía de alguien de confianza que sea maduro en la fe. Este proceso de sanidad de cuatro pasos no es una consejería a profundidad. Se trata del primer paso que debes tomar con Dios. Practícalo e incorpóralo a tu vida de oración. Si asistir a un consejero es importante, sería prudente que lo agendes.

4. Lee Juan 14:26 en algunas traducciones. Mira las diversas palabras que se usan para describir al Espíritu Santo. Se le llama el Ayudador, el Consolador y el Abogado. Lee Hechos 9:31. ¿Qué hizo el Espíritu Santo por la gente? ¿Qué significan para ti las palabras consuelo y aliento?

Una vez más, con la mano en el corazón, cierra los ojos y di: "Espíritu Santo, tú eres el gran Consolador. Recibo tu consuelo. Recibo tu aliento". Se siente bien, ¿cierto? Estás reconociendo a propósito quién es Él y cómo te ayuda. Haz esta declaración en voz alta unas cuantas veces más hoy y continúa haciéndolo a lo largo de la semana. Según estos versículos, ¿qué tipo de amigo es Él para ti?

5. Isaías 53:3-5 es una imagen profética de Jesús. De este pasaje, aprendemos que Él está familiarizado con nuestro dolor, pena y tristeza. Ahora lee el Salmo 147:3. Dios *promete* que Él sanará tu corazón. ¿Cuáles heridas de tu corazón ya sanó Dios?

ORACIÓN: UN CORAZÓN SANADO

Padre celestial,

Me han pasado cosas dolorosas. Ni siquiera puedo entender cómo fue que parte del dolor llegó allí. Te pido que vengas y sanes los lugares rotos de mi corazón. Sáname de mi pasado. Cúrame de pensamientos erróneos mientras sigo renovando mi manera de pensar de forma activa. ¡Tú eres muy fiel! Tú dijiste que viniste a sanar los corazones heridos, ¡y necesito que sanes el mío! Señor, trae restauración completa a mi corazón. En el nombre de Jesús,

Amén.

PALABRA CELESTIAL

Precioso, ¿no te dije que vine a darte vida, y vida en abundancia? Cargué con tus penas hace mucho tiempo, y ahora mismo estoy en el proceso de sanar tu corazón, sin importar cuán superficial o profunda sea la herida. ¡Me apasiona ver tu corazón pleno, sano y lleno de alegría! ¡Mi gozo es tu fortaleza! Inundaré tu corazón con una alegría tal que no podrás evitar experimentar gozo y felicidad sobrenaturales burbujeando en tu interior. Recuerda: ¡Yo restauro tu alma! La verdad te hace libre, verdaderamente libre.

JUAN 10:10; ISAÍAS 53:4; LUCAS 4:18;
NEHEMÍAS 8:10; SALMO 23:3; JUAN 8:32

*Me deleito mucho en el Señor; me regocijo en mi
Dios. Porque él me vistió con ropas de salvación
y me cubrió con el manto de la justicia,
Soy semejante a un novio que luce su diadema,
o a una novia adornada con sus joyas.*

ISAÍAS 61:10 NVI

7

CUBIERTO DE JUSTICIA

Justicia: Justo, posición correcta, relación correcta con Dios.

¿Alguna vez has sentido que Dios estaba enojado contigo? ¿Que simplemente no estuviste a la altura? ¿Que no podías con "esta cosa cristiana"? Al principio de mi caminar cristiano, yo me sentí así. Me costaba creer que Dios me aceptaba a cabalidad. Mis antiguas creencias en el karma y la reencarnación no ayudaban. Durante muchos años, mi autoestima se basó en mi desempeño. La justicia de Dios en Cristo me era ajena. Pero todo cambió en una sola noche.

En cierta ocasión, un ministerio local me invitó a compartir mi testimonio sobre la manera en que Dios me liberó de un sistema de creencias de la Nueva Era y del engaño espiritual. Después de la apertura de la reunión, el líder de adoración dirigió una canción que hablaba sobre estar cubierto con ropas de justicia. La letra decía que cuando Dios me mira, no ve lo que yo solía ser, sino que ve a Jesús. ¡Wow! ¡Eso me impactó! ¡Estaba *cubierta por completo!* Por aceptar lo que Jesús había hecho por mí, fui *vestida* con sus vestiduras de justicia. ¡Era milagroso! En ese momento se abrieron las compuertas de la comprensión y las lágrimas no cesaban de fluir. ¡Estaba en *una posición correcta* con Dios! ¡Era amada y aceptada a plenitud!

La rectitud es un ingrediente principal de tu verdadera identidad. La justicia destruye el rechazo. Aniquila los sentimientos de inferioridad. Si haces algo mal, sigues siendo justo. Si tienes pensamientos erróneos, sigues siendo justo. La justicia no tiene que ver con lo que haces; tiene relación con la persona que eres. Creer que eres justo es *creer en* tu identidad. Cuando nos equivocamos, una pendiente resbaladiza conduce a una trampa de "necesito hacer obras y desempeñarme de tal o cual manera" para restablecer la posición correcta con Dios. Déjame darte una idea de cómo funciona.

Cuando nos convertimos en cristianos, recibimos la salvación como un regalo gratuito de Dios: nuestros pecados son perdonados y es borrón y cuenta nueva. ¿Correcto? Luego, a medida que avanza la vida, descubrimos que hemos obrado mal. Tomaste algunas malas decisiones, hiciste cosas erróneas y tal vez incluso lanzaste palabras hirientes o engañosas. Una vez más, nos equivocamos como en los viejos tiempos, y pensamos que estamos sucios e inmundos. Pensamos, "Dios no me aceptará así. Dios no me amará con todo esto que he hecho. Honestamente, ¡Él tiene que estar enojado conmigo! ¡No alcanzo a darle la talla a esta vida cristiana!". Y nos escondemos de Dios porque la vergüenza es muy grande. ¿Alguna de estas cosas te suena familiar?

En un último esfuerzo, ¡si no nos separamos y huimos de Dios!, luchamos, tratando de descubrir cómo podemos volver a estar bien con Dios. El diablo no pierde una oportunidad como esta. Él hace del pecado nuestro centro de atención y antes de que podamos darnos cuenta, nos invaden la culpa y la condenación. Y nos sentimos horribles y creemos que el amor de Dios por nosotros se ha desvanecido. Pensamos: "Solo hay una manera de estar bien con Dios: tengo que hacerlo mejor, tengo que ser mejor". El mal está agazapado en la puerta, esperando que confiemos en lo bien que podemos *desempeñarnos* y en lo *perfectos* que podemos ser para satisfacer a Dios y salir de este desastre. Estamos enredados en una mentira grande y gorda: *la mentira de tener que hacer obras para ser aceptables ante Dios.*

Nuestra justicia, nuestra posición correcta ante Dios, no tiene nada que ver con nuestro desempeño. La justicia nos fue dada por causa de nuestra fe en Cristo.

> *Al que no conoció pecado, por nosotros lo hizo pecado, para que nosotros fuésemos hechos justicia de Dios en él* (2 Corintios 5:21).

En otras palabras, Jesús murió en nuestro lugar por nuestros pecados para que pudiéramos ser *declarados justos* — ¡completamente *justificados* ante Dios porque le entregamos nuestras vidas a Jesús y lo aceptamos! Deja que esto penetre en tu ser. ¡No puedes escaparte de eso! ¡No importa de qué manera te equivoques! La justicia de Dios es enorme— ¡G-I-G-A-N-T-E! ¡Y es TUYA! Está sobre ti como una túnica gigante y llena de joyas proveniente del cielo.

No hay un acto perfecto que puedas ejecutar para reconciliarte con Dios.

> *Porque por gracia sois salvos por medio de la fe; y esto no de vosotros, pues es don de Dios;* **no por obras,** *para que nadie se gloríe* (Efesios 2:8-9).

La justicia es un REGALO de Dios. Una vez que eres hecho justo, las cosas buenas que haces surgen de la relación con Él. Él te diseñó de esa manera. ¡Has entrado en una sociedad con Dios, y ahora haces con Él obras asombrosas, maravillosas y magníficas! Está en tu ADN espiritual. ¡Tales nuevas *buenas obras* no se basan en el desempeño, se basan en Yo-soy-la-justicia-de-Cristo- y te colocan en la zona de milagros, señales y prodigios!

Decir la verdad acerca de tu justicia en Cristo construye en ti una *conciencia de justicia*. Debido a que nuestra rectitud es asaltada de manera implacable por dardos de fuego de acusación, es vital proclamar con nuestra boca y en nuestra mente la verdad acerca de la rectitud. Te puedo asegurar que la rectitud es más importante de lo que piensas. Al pronunciar estos versículos, tu revelación de justicia se expandirá. Así que ponte en marcha y adopta una postura en *Tu Verdadero Yo*, ¡edificando tu identidad en rectitud!

ORA ANTES DE AJUSTAR TU POSTURA

Dios, ayúdame a ver la verdad con respecto a lo que estoy hablando. Dale vida a mis declaraciones y en el nombre de Jesús, rompe con los patrones de pensamiento pasados que son contrarios a tu verdad.

AJUSTE DE POSTURA: TOTALMENTE CUBIERTA DE JUSTICIA

¡Soy justa! Yo soy la justicia de Dios en Cristo. (2 Corintios 5:21)

Esto significa que estoy en una posición correcta con Dios. ¡Punto final! (2 Corintios 5:21)

Soy aceptada y tengo una relación correcta con Dios. (2 Corintios 5:21)

Tú me hiciste justicia. (1 Corintios 1:30)

Estoy cubierta con tus mantos de justicia. (Isaías 61:10)

No hay obras que me puedan poner en una posición correcta con Dios. (1 Corintios 1:30)

Tengo una posición correcta ante Dios porque estoy cubierta en la justicia de Cristo. (2 Corintios 5:21)

Cristo hizo por mí lo que yo no podía hacer por mí misma. (Gálatas 3:13-14)

No estoy viviendo bajo el peso de la perfección o del desempeño para recibir el amor y la aceptación de Dios. (Gálatas 3:13-14)

¡Soy justa! La rectitud no tiene nada que ver con vivir según las reglas. (Romanos 3:21-22)

¡La rectitud no tiene nada que ver con mi desempeño! (Romanos 3:21-22)

Ya no tengo miedo, ni vergüenza, ni tampoco me escondo de Dios. (Gén. 3:10)

Soy aceptada y estoy revestida de justicia. (Isaías 61:10)

¡Soy una nueva creación y tengo una nueva identidad! El viejo hombre ha muerto. (2 Corintios 5:17)

Soy una nueva creación, y estoy en buena posición con Dios. (2 Corintios 5:17)

Señor, tú refrescas y restauras mi vida. Tú me guías por sendas de justicia. (Sal. 23:3)

En justicia y rectitud contigo veré tu rostro; estaré satisfecha al ver tu semejanza. (Sal. 17:15)

Tú bendices a los justos, ¡yo soy una de ellos! Me rodeas de favor como un escudo. (Sal. 5:12)

Señor, tú eres justo en todos tus caminos y fiel en todo lo que haces. (Sal. 145:17)

Jesús, tú te convertiste en la ofrenda por mi pecado para que yo pudiera convertirme en la justicia de Dios. (2 Corintios 5:21)

Estar cubierta en TODA -literalmente en TODA- la justicia de Dios, es impresionante. ¡Guau! (2 Corintios 5:21)

Carezco de cualquier justicia alcanzada por cuenta propia y que se base en mi obediencia a un conjunto de reglas; poseo una justicia genuina, que viene a través de la fe en Cristo. (Filipenses 3:9)

No doy marcha atrás. Voy por el camino de la justicia, la piedad, la fe, el amor, la paciencia y la mansedumbre. (1 Timoteo 6:11)

Busco primero tu reino y tu justicia. (Mateo 6:33)

Bienaventurados los que tienen hambre y sed de justicia, porque ellos serán saciados. (Mateo 5:6)

¡Lléname, Señor! Tengo hambre y sed de justicia. ¡Dame más revelación! (Mateo 5:6)

¡Tu Palabra me instruye en la justicia! (2 Ti. 3:16)

¡Toda la Escritura es inspirada por Dios y es útil para enseñar, reprender, corregir y entrenar en justicia! ¡Así es! (2 Ti. 3:16)

Habiendo sido declarada justa ahora tengo paz con Dios. (Romanos 5:1)

¡Lléname del fruto de justicia! (Filipenses 1:11)

El fruto de la justicia es paz; su efecto será quietud y confianza para siempre. (Isaías 32:17)

Me acerco a tu trono de gracia con confianza, para recibir misericordia y hallar gracia que me ayude en mi tiempo de necesidad. (Hebreos 4:16)

¡Tu reino tiene que ver con la justicia, la paz y el gozo en el Espíritu Santo! (Romanos 14:17)

Tengo una justicia de Dios que viene a través de la fe en Jesucristo. (Romanos 3:21-22)

¡Los justos son tan audaces como un león! ¡Esa soy yo! ¡GRRR! (Proverbios 28:1)

ACTIVACIONES DE IDENTIDAD: CONCIENCIA DE RECTITUD

1. Sin lugar a dudas, las personas se aferran a mentalidades secretas de desempeño y perfección. Acoger la justicia hace añicos la mentira de la necesidad de actuar para ganar la aceptación de Dios. Creerte justa destruye la mentira que produce rechazo y abandono. Estás en una posición correcta con Dios. Jesús se aseguró de ello.

2. El precio que pagas para destruir las mentalidades equivocadas y reemplazarlas con mentalidades celestiales es el *tiempo*. Sacrifica tiempo esta semana para declarar los versículos de este capítulo. Declara estas cosas sobre ti mismo a primera hora de la mañana, mientras transcurre el día y cuando te preparas para ir a la cama. Aprovecha cada oportunidad para proclamar estas poderosas palabras. Haz esto todos los días durante al menos una semana. Recuerda incluir versículos de posicionamiento de las semanas anteriores a medida que el Espíritu Santo te guíe. Incluso si solo lees un tema adicional por día, elige el que más necesites. Es importante seguir repasando las secciones anteriores de posicionamiento.

3. Te estás entrenando para reconocer las mentalidades equivocadas. Estas mentiras o mentalidades erróneas que se han infiltrado en tus creencias son fortalezas destinadas a mantenerte débil e impotente. Cuando crees una mentira, no estás creyendo lo que Dios ha establecido como verdad, y esto te debilita. Cuando tu mente está engañada, es difícil operar en los caminos sobrenaturales de Dios. Esta es justo la razón por la que estás desmantelando mentiras en todos los temas de identidad de este libro. Estás aprendiendo a identificar y demoler mentiras. La posición en tu mente que la mentira había controlado ahora

será llena de la Palabra viva de Dios. Esta es una práctica de por vida. He equipado a muchos para adoptar posturas, y siempre se asombran de cuántas mentiras han acogido sin darse cuenta. Te volverás más y más experto en discernir mentiras.

Al declarar los versículos de postura, ¿experimentaste alguna resistencia? Primero, pídele al Espíritu Santo que te muestre un versículo en la sección de posicionamiento con el que sentiste resistencia. ¿Cuál es el pasaje? Cuando no crees del todo una de las verdades de Dios, significa que hay una mentalidad equivocada que te impide creer en la verdad. Una mentira crea una mentalidad equivocada. Aquieta tu corazón y pídele al Espíritu Santo que te ayude a identificar la mentira. ¿Cuál es la mentira que Él te ayudó a ver? Rompe verbalmente el acuerdo que has tenido con esa falsa creencia. Puedes decir algo: "Señor, siento haber creído esa mentira. Me ha impedido creer en tu Palabra. ¡En el nombre de Jesús, rompo mi acuerdo con esa mentira y le ordeno a cualquier espíritu demoníaco apegado a ella que me abandone ahora mismo! ¡Declaro que la fortaleza se ha roto! Señor, sana el lugar herido en mi corazón en el que entró la mentira. De ahora en adelante, creo _____".
Escribe el versículo de nuevo con tus propias palabras.

4. A veces pensamos: "¡Dios no puede aceptarme después de todo lo que he hecho!". Pero la verdad es que cuando aceptas a su Hijo, Dios te cubre por completo con la justicia de su Primogénito. Cierra los ojos y piensa en realidad de dónde vienes y cómo era tu vida antes de Jesús. Ahora obsérvate a ti mismo cubierto por completo con túnicas de justicia. ¿Qué significa esto para ti a nivel personal?

5. Según Isaías 61:10, estamos cubiertos con mantos de justicia. Deja fluir tu creatividad y haz un dibujo de cómo luce esa

imagen. ¿Qué podría haber en la túnica? ¿Joyas? ¿Colores? ¿Plumas? ¿Podría emanar música de ella? Mientras dibujas, sintonízate con lo que el Espíritu Santo te está diciendo. Vamos a hacer un acto profético para culminar con esta activación. Un acto profético es interactuar con lo que es verdad en el reino espiritual. Toma este manto de justicia que *ves* con tus ojos espirituales y vístete con él.

6. Esta última activación puede ser poderosa. En tu mente estás declarando de continuo palabras sobre tu vida. Esta activación te dirige no solo a hablar sobre tu vida en voz alta, sino también a mirarte a los ojos y hacer contacto personal contigo misma. Ve al espejo, y mirándote directamente a los ojos, dite: "¡Estás cubierto de justicia! ¡El pasado se fue! Eres la justicia de Dios en Cristo. ¡Cuando Dios te mira, Él ve la justicia de Su Hijo!".

ORACIÓN: REVELACIÓN DE JUSTICIA

Querido Señor,

¡Yo lo veo! Vengo a ti con confianza y sé que me aceptas. Me amas y me aceptas. Has cubierto todo lo que he tenido en mi contra proveniente de mi pasado. ¡Estoy muy agradecido! Siento mucho las veces que me he escondido de ti por vergüenza o miedo o simplemente por falta de conocimiento. De ahora en adelante, siempre que falle, correré a mi Padre que me perdona, ¡sabiendo que soy la justicia de Dios en Cristo!

Amén.

PALABRA CELESTIAL

Querido, el apóstol Pablo trató de vivir de acuerdo con la ley para obtener la justicia, pero Yo le revelé la gracia. Quiero que me conozcas de verdad, que sepas todo acerca de mí. Uno de mis nombres es Jehová Tsidkenu, *El Señor Justicia Nuestra*. ¡Ese soy yo! En mí está toda la justicia. Te di la justicia de mi Hijo. Como confías en Él, estás vestido delante de mí con sus vestiduras. No pongo ninguna condenación sobre ti. Te amo. Y cuando te miro, veo la justicia de mi Hijo.

GÁLATAS 1:13-15; JEREMÍAS 23:6; 2 CORINTIOS 5:21; ISAÍAS 61:10; ROMANOS 8:1

Con amor eterno te he amado;
Por eso te sigo con fidelidad.

JEREMÍAS 31:3 NVI

8

AMADO DE MANERA EXTRAVAGANTE

Amor: una benevolencia invencible y una buena
voluntad imbatible que siempre
busca el mayor bien para la otra persona, sin importar lo que haga.
Es el amor abnegado que da libremente sin pedir nada a cambio,
y no considera el valor de su objeto… el amor
incondicional que Dios nos tiene.[4]

"**M**is niñas son las chiquitas más hermosas del mundo". Mi padre se jactaba de sus dos pequeñas hijas ante todos. Aunque falleció cuando yo tenía apenas cuatro años, mi madre a menudo me recordaba su amor por mí, que yo era especial y que él se deleitaba en mí. Un niño necesita sentirse amado y debe saber que lo quieren. Pero muchos padres no lo expresan, o peor aún, comunican lo contrario. Allí es donde entra Dios en escena. Él es el mejor Padre, el Padre bueno. Aquel que sabe todo sobre ti y es quien te ama sin importar nada más.

---

[4] New Spirit Filled Life Bible, p. 1556

Cada uno de nosotros tiene un deseo innato de ser amado. Fuimos creados de esa manera por un Padre amoroso que lo único que quiere es colmarnos de su afecto. Ya sea que te des cuenta o no, tu propio espíritu clama por la afirmación de Dios, por saber que eres valioso, especial y único. Has estado anhelando saber que eres aceptado, que eres el favorito, que eres amado por lo que eres, no por lo que haces, que si arruinas las cosas no vas a ser abandonado. En ti siempre habrá una parte considerable que se sentirá insatisfecha, y que dejará de sentirse así cuando halles este Amor incondicional.

Estoy segura de que has tenido experiencias en las que te sentiste amado de verdad. Puede haber sido a través de palabras, regalos o por medio de una expresión de aprobación que decía: "Me agradas mucho". Es posible que te hayas sentido amado por algo que una persona hizo por ti o que expresó acerca de ti. Quizás decepcionaste a alguien y lo lastimaste de verdad, y él te perdonó y continuó amándote y siendo tu amigo. La mayoría de las veces, el amor que viene del mundo puede ser voluble y fugaz. Si eres bueno, eres amado. Si actúas de cierta manera, eres amado. El amor mundano siempre tiene condiciones, que dicen más o menos así: "Si me das lo que quiero, te voy a amar". De vez en cuando te topas con alguien que irradia amor absoluto. Por el simple hecho de estar cerca de él o ella, te sientes especial, valorado, honrado, no te sientes abusado ni utilizado. Este es el tipo de amor que Dios tiene por ti, y para merecerlo no hay nada que puedas hacer.

El amor de Dios por ti es inmutable. Él te ama de la misma manera ya sea que tengas un gran ministerio como el de Cruzadas de Billy Graham o un ministerio oculto, desconocido, de ser amable con tu prójimo. No te va a amar más si haces más obras buenas este mes, en comparación con la forma como te amó y con lo que hiciste el mes pasado. Él hace e hizo el amor, Él *es amor*.

> *El que no ama, no ha conocido a Dios; porque Dios es amor.* (1 Juan 4:8).

Dios te amará una y otra vez en medio de todas tus pruebas, tus victorias, tus momentos aburridos y tranquilos, tus fracasos y de todo. No hay ningún lugar al que puedas ir para alejarte de su amor. Nada puede separarte de su amor. No hay nada que puedas hacer para que Dios te ame más. Él te ama de forma absoluta e irrevocable. Él te hizo, ¿no es así? Él te formó a partir de un corazón amoroso. Él sabe todo acerca de ti, escucha todos tus pensamientos internos, esos que nunca te atreverías a decir, ¡y sigue deleitándose en ti! Te ama de manera radical, incluso sabiendo todo acerca de ti. Él te desea tal como eres. Cuando dejas de tratar de esconderte o fingir y simplemente quieres poder amar a Dios, Él te dice: "Listo, ahora estamos en una relación". Te das cuenta de que su gracia fue derramada sobre ti, y Él te capacita para amar con mayor plenitud.

Cuando inicié mi vida cristiana, me levantaba con frecuencia en las noches para orar. Una noche me arrodillé en el sofá y divagué una y otra vez acerca de Dios. En medio de mi monólogo dije: "¿Cómo puedo saber de tu amor por mí?". Cuando abrí la boca para continuar con mi discurso, Él me interrumpió. "¿Con qué otro acto de gran magnitud podría mostrarte que te amo?" -dijo Él- "Morí por ti".

Si sientes que solo tienes una pequeña medida de amor hacia Dios, recuerda que nuestro amor por Él se origina en Él también. Jesús murió por nosotros, por todos. No hay mayor amor que este.

> *Nosotros le amamos a él, porque él nos amó primero.*
> (1 Juan 4:19).

El punto es que si no sientes mucho amor por Dios, no has estado aceptando el amor que Él te está expresando. Y tal vez, todavía no has adoptado una postura de amor *hacia* Él. Deja de sentirte mal contigo mismo y entra en su amor: un amor conmovedor. Su amor está a tu alrededor. Simplemente dile "Sí", ríndete y envía tu amor de regreso hacia el cielo.

Posiciónate para recibir. Elige recibir. Escoge darle cabida a lo que Él te quiere dar. Declara lo siguiente en este preciso instante: "Dios, recibo tu amor. ¡Yo le digo sí a tu amor! He levantado paredes y muros, y lo siento. ¡Les ordeno a los muros de protección que caigan AHORA MISMO! ¡Caigan muros! ¡Abro mis brazos y recibo tu amor!". Querido, Él te ayudará a aprender a amar con ternura, a plenitud y con todo tu corazón. A medida que crezcas en tu caminar amoroso, en respuesta verás que eres inundado por más amor. Cuando te entregas al amor, tu tanque de amor se llena con suministro interminable. ¡Y entonces amar se hace mucho más fácil!

Abre tu corazón, abre tus brazos y déjalo entrar. Él está en pos de ti. Está tocando a tu puerta. Cuando la abres, Él entra corriendo. Deja de lado cualquier idea preconcebida que puedas tener y reconoce el amor apasionado de Dios por ti. Ubícate a solas y háblale en voz baja. Relájate. Permite que estas palabras de amor sean como miel en tus labios y fuego en tu alma.

ORA ANTES DE AJUSTAR TU POSTURA

¡Dios, dale vida a estas declaraciones! En el nombre de Jesús, rompo con los patrones de pensamiento del pasado que sean contrarios a la verdad de Dios.

AJUSTE DE POSTURA: ACOGE EL AMOR DE DIOS

Mi Padre que está en los cielos me ama con amor eterno. (Jeremías 31:3)

Su amor por mí es infinito, ¡no se detiene jamás! (Jeremías 31:3)

Mi Padre me acerca más a Él con bondad amorosa. (Jeremías 31:3)

Él siempre me está cortejando para que me le acerque. (Jeremías 31:3)

Mi Padre siempre me recuerda, siempre piensa en mí. (Isaías 49:15-16)

Incluso ha escrito mi nombre en las palmas de sus manos. (Isaías 49:15-16)

Cuando fui creada, mi cuerpo no estuvo escondido de Él. (Sal. 139:15)

Sus ojos vieron mi cuerpo sin forma. (Sal. 139:16)

No solo me diseñó, sino que hizo planes para mí. (Sal. 139:16)

Me formó en el vientre de mi madre con gran amor. (Sal. 139:13)

¡Te alabo porque estoy hecha de forma maravillosa y asombrosa! (Sal. 139:14)

Soy hija de Dios. (Romanos 8:15)

Recibí el Espíritu de filiación, de ser hija. Y por el Espíritu puedo decir: "Abba, Padre". (Romanos 8:15)

Abba significa Papá, y lo llamo por este nombre que es muy íntimo y personal. (Romanos 8:15)

El amor de Dios se derrama en mi corazón. (Romanos 5:5)

El Espíritu Santo le proporciona abundante evidencia a mi corazón con respecto al amor de Dios por mí. (Romanos 5:5)

No tuve que "arreglar el desorden" para que Dios me amara. Su amor es incondicional. (Romanos 5:8)

Dios es amor. Él me ama incluso cuando me siento desagradable. (1 Juan 4:8)

Mi Padre celestial me mira. Él siempre está listo para correr hacia mí cuando vengo a Él. (Lucas 15:20)

Me envuelve con su amor y me colma de besos del cielo. ¡Wow! (Lucas 15:20)

¡Envía más besos, Señor! (Lucas 15:20)

No importa a donde vaya, la mano de mi Padre me guiará, y su diestra me sostendrá. (Sal. 139:10)

Dios sostiene un gran estandarte sobre mi vida: el estandarte se llama amor. ¡Dios me ama! (Cant. 2:4)

Mi corazón está muy lleno de amor por Él, y sé que Dios tiene un corazón salvaje de amor por mí. (Cantares 2:4)

El amor y la bondad de Dios no se apartarán de mí. (Isaías 54:10)

¡El amor de mi Padre celestial es increíble! ¡Él es un Dador! (Juan 3:16)

El amor de mi Padre es tan sacrificado que Dios dio a su Hijo para que yo pudiera estar con Él para siempre. (Juan 3:16)

Pongo mi fe en su Hijo, y después de que esta vida termine, ¡no terminará! (Juan 3:16)

Estoy con mi Padre amoroso por toda la eternidad. (Juan 3:16)

Dado que el amor de mi Padre habita profundamente dentro de mí, la postura de mi vida es amar a otras personas. (1 Juan 4:11-12)

A medida que amo, su amor se completa en mí. ¡Ese es el amor perfecto! (1 Juan 4:11-12)

¡Señor, existo porque Tú me quisiste! (Sal. 139:13-14)

Tus obras son maravillosas. ¡Y yo soy una de ellas! (Sal. 139:13-14)

Oh Señor, Tú eres mi Padre. Yo soy el barro, Tú eres el alfarero. ¡Soy obra de tus manos!

(Isaías 64:8)

¡Soy tu obra maestra! ¡Sí, soy tu obra maestra! (Efesios 2:10)

Soy creada en Cristo Jesús para hacer buenas obras, las cuales tú dispusiste de antemano para que yo las llevara a cabo. (Efesios 2:10)

Tú tienes compasión de mí. (Sal. 103:13)

Tú eres Padre de los huérfanos, defensor de las viudas, y me cuidas. (Sal. 68:5)

Nada me puede separar de tu amor. ¡Nada! (Romanos 8:39)

Tanto amaste al mundo que diste a tu único Hijo, para que todo aquel que en él cree no se pierda, mas tenga vida eterna. (Juan 3:16)

Yo soy una de los que cree. En este momento estoy viviendo en la vida eterna. (Juan 3:16)

¡Estoy completa y Tu amor satura todo mi ser! (Romanos 5:5)

ACTIVACIONES DE IDENTIDAD: EXPERIMENTAR EL AMOR DE DIOS

1. Hay un gran versículo en Proverbios 8:17 que dice: "Amo a los que me aman, y los que me buscan me encuentran". Esta es la única vida que tenemos para aprender a amar, para amar

plenamente y ser amados. En cuanto a mí, quiero tenerlo todo. He tenido mis dolores y reveses al igual que tú. Sé valiente. Sé osado. Toma los versículos de postura que acabas de leer y entra en el mundo de *amor de Dios*. Decláralos a primera hora de la mañana cuando te estés preparando para tu día y al final de la jornada, justo antes de irte a la cama. Estos son momentos importantes del día. Por la mañana, estás marcando la pauta para todo el día. Por la noche, ¡asúmelo como la preparación para quedarte dormido en los brazos de Dios y recibir sueños de parte del cielo! Si realmente quieres ser peligroso, lleva los versículos contigo y confiésalos a lo largo del día. Pero lo mínimo para esta activación es declararlos por la mañana y por la noche. Recuerda: "Porque la Palabra de Dios es *viva* y *eficaz*" (Hebreos 4:12). Los versículos no provienen del mundo ni de la sabiduría del hombre. ¡Vienen directamente de parte de Dios, y la Palabra de Dios está viva y cambia vidas!

2. Ser amado por Dios es muy gratificante. Su amor nos cubre como una gruesa manta. Cuando sabemos que somos amados por Él, podemos hacer cualquier cosa. Pero a veces nos cuesta creer que Él nos ama. Si tuviste dificultades para declarar alguno de los versículos, es posible que hayas creído una mentira acerca del amor de Dios.

Mira la sección de posicionamiento y observa en qué lugar fue que tu corazón no se comprometió de manera plena con dicho versículo. Escribe ese pasaje. Pídele a Dios que te muestre la mentira que te impide creer del todo la verdad acerca del amor de Dios. Luego, tranquiliza tu corazón y pídele a Dios que te perdone por creer esa mentira. Rompe verbalmente el acuerdo que has tenido con la mentira. Di: "Señor, siento haber creído esa mentira. Eso me ha impedido creer en tu Palabra. ¡En el nombre de Jesús, rompo mi acuerdo con ella! ¡Le ordeno a cualquier espíritu demoníaco apegado a dicha mentira que me abandone ahora! ¡Declaro que se rompe la esclavitud! De ahora en adelante, creo _____". Escribe el versículo de nuevo con tus propias palabras.

Tómate unos minutos y pídele a Dios que sane el lugar en tu corazón que aceptó la mentira en cuestión. Ora: "Señor, sana el lugar herido de mi corazón por donde entró la mentira". Si Él te muestra algo acerca de esta herida, escríbelo y deja que Él le declare vida y verdad a tu corazón.

3. Las activaciones *movilizan todavía más* cada verdad en tu vida y traen consigo una mayor plenitud. Esta activación puede ser poderosa, así que no la pases por alto. Usando la Biblia como guía, escribe tu propia carta personal de amor de parte Dios para ti. Con base en las Escrituras, ¿qué te dice Dios acerca de su amor por ti?

4. Piensa en algunas de las canciones de amor que has escuchado a lo largo de los años. Pídele al Espíritu Santo que te ayude a elegir una canción de amor y vuélvela tu canción con Dios. ¡Diviértete! Cambia las palabras. Este es un ejemplo: A mí me encanta una vieja canción que dice: "¡Quédate un poco más! ¡Ay, por qué no te quedas un poquito más!" Solo que mi corazón la canta: "¡Espíritu Santo, quédate un poco más…!".

5. Establece una atmósfera de amor y pasa tiempo con Dios. Enciende velas, pon música de adoración o haz lo que consideres que adecúe la atmósfera. Léele a Dios el Salmo 63:1-8. En la quietud de este tiempo, escríbele *tu* carta de amor a Él.

ORACIÓN: UN AMOR QUE CRECE SIEMPRE

Querido Señor,

¿Cómo podré comprender el amor que me tienes? Lávame con olas de tu amor. Al igual que las olas del océano me sacuden, sacúdeme con tu amor. ¡Yo lo recibo con los brazos abiertos! Sé que me amas, y solo quiero decirte ¡que también te amo!

Amén.

PALABRA CELESTIAL

Querido(a) Hijo(a) Mío(a), te amo sin reservas, de manera incondicional. Mi amor por ti no tiene límite ni fin. ¿De qué otra manera podría mostrarles que los amo, sino a través de enviar a mi Hijo a morir por ustedes? Nada puede separarlos de mi amor. Te amo sin reservas. Sin condición. No hay nada que puedas hacer para que Yo te ame más. En este momento, te amo con toda intensidad. Mírame a lo largo de tu día, ¡te colmaré de besos provenientes del cielo!

JEREMÍAS 313; ROMANOS 5:8; 8:39

*Os he dado autoridad para hollar
serpientes y escorpiones, y
sobre toda fuerza del enemigo, y nada os dañará.*

LUCAS 10:19

9

PODER Y AUTORIDAD

Autoridad: alguien investido de poder.

El Big Wood River corría bajo la plataforma de madera. Nos estábamos casando en el patio del restaurante Warm Springs en las espectaculares montañas de Idaho (USA). Era un hermoso y perfecto día de junio, ¡hasta que mi futuro esposo dejó caer el anillo! Contemplamos con horror que rebotaba de manera errática en la superficie, amenazando con desaparecer en medio del río embravecido que corría por debajo. Fue un milagro que el anillo no se cayera. Miré los ojos de mi novio con alivio. No había duda de que el cielo nos estaba sonriendo a ambos. Desde ese día heredé todo un nuevo reino de autoridad. Ahora ocupaba el cargo de *esposa*.

Todo lo que mi esposo y yo poseíamos a nivel individual, ahora lo compartiríamos como equipo. Mi esfera de influencia aumentó cuando dije: "Sí, acepto". Su esfera de influencia también se duplicó. Heredé muchas bendiciones de mi esposo. Ahora hablaba con la autoridad de una esposa, y toda la autoridad de mi esposo me respaldaba. Disfrutaba de privilegios especiales. Entraba en los reinos celestiales y me presentaba por ambos como *una sola carne*.

Éramos uno, algo que es muy similar a nuestra relación con Jesús. Debido a nuestro compromiso con Cristo, obtuvimos una herencia de bendiciones invaluables. Él está en nosotros y nosotros en Él. Él nos otorgó Su poder y autoridad.

Una vez que nos comprometemos con Jesús, al instante nos sentamos con Él en los lugares celestiales.

> *Y Dios nos resucitó con Cristo y nos hizo sentar con Él en los lugares celestiales en Cristo Jesús* (Efesios 2:6).

Cuando Cristo resucitó de entre los muertos, nosotros, todos los que llegaríamos a creer en Él, fuimos resucitados y nos sentamos con Él. En lo que a nosotros respecta, estar sentados con Jesús a la diestra del Padre conlleva un tremendo poder y autoridad. ¿Por qué? Jesús está sentado muy por encima de todo principado y potestad (todo lo perteneciente al ámbito demoníaco), y todas las cosas están bajo sus pies, ¡todas! *Bajo sus pies* significa que Él tiene poder y autoridad sobre ellas. Puesto que Él es la cabeza y nosotros somos su cuerpo, tenemos esta posición de autoridad y poder sobre el ámbito demoníaco (Efesios 1:20-23).

Es crucial que comprendas a fondo esta verdad. El ejercicio de tu autoridad como creyente en Cristo se prueba de forma severa y continua. El diablo te combate por causa de tu fe. Conocer tu autoridad te separa de vivir una vida de "a duras penas me las arreglo" a una vida de "sé-quién-soy", y sé que estoy- equipado para operar en el poder y la autoridad de Cristo. No nos dicen que le pidamos a Dios que haga algo con respecto al diablo; todos *tenemos* autoridad sobre él. ¡Se trata de un asunto de poder y autoridad!

Cuando hacemos declaraciones, nuestras palabras portan *su* poder y autoridad. Es la autoridad de Cristo delegada a su Novia: ¡a nosotras!

Somos *socias* de Él. Nos trasmitieron el ministerio que reposó sobre Jesús (Isaías 61:1-3). ¡Les proclamamos libertad a los cautivos! Por medio de Cristo en nosotros, vendamos a los quebrantados de corazón. A través de nosotros, las personas se liberan de la opresión demoníaca. A través de nosotros, las personas son sanadas, restauradas y liberadas.

Para confirmar el hecho de que se nos ha delegado poder y autoridad, necesitamos ver algunas Escrituras adicionales que son clave. En primer lugar, *toda* la autoridad le ha sido dada a Jesús.

> *Y Jesús se acercó y les habló diciendo: Toda potestad me es dada en el cielo y en la tierra.* (Mateo 28:18).

Después, Jesús nos delegó su autoridad. Esto dijo en Lucas 10:19:

> *He aquí os doy potestad de hollar serpientes y escorpiones, y sobre toda fuerza del enemigo, y nada os dañará.*

La palabra *autoridad* es intercambiable con *poder*. Jesús tiene toda autoridad (poder) en el cielo y en la tierra, y le ha delegado su autoridad (poder) a su Novia. Tenemos autoridad delegada. La autoridad delegada proviene de la autoridad que tiene otro.

Además, en Mateo 6:10, Jesús nos ordenó declarar: "Venga tu reino, hágase tu voluntad, como en el cielo, así también en la tierra". Proclamamos que lo que es verdadero en el cielo se manifiesta en la tierra. Proclamamos la voluntad de Dios en la tierra. ¿Cómo conocemos su voluntad? Leemos su Libro, estudiamos la manera en que los apóstoles tenían autoridad y la forma en que Jesús demostró autoridad. Por un lado, Jesús vino a sanar a *todos* los que estaban bajo el poder del diablo (Hechos 10:38). Comencemos contigo: tienes autoridad sobre tus pensamientos y emociones. Has estado ejerciendo autoridad sobre las mentalidades equivocadas al proclamar versículos para renovar tu mente y ponerte de acuerdo con el Padre.

Otro aspecto importante de la autoridad se encuentra en el poder del nombre de Jesús. Él no solo nos dio la autoridad para hacer lo que hizo cuando caminó sobre la tierra, sino que también nos dijo que lo hiciéramos en su nombre. ¿Por qué invocar el nombre de Jesús? El nombre de Jesús está sobre todo nombre. Hay poder en su nombre. Ante el nombre de Jesús se doblará toda rodilla en los cielos y en la tierra (Filipenses 2:9-11). En Juan 14, Jesús nos guía a pedir en su nombre.

> *"De cierto, de cierto os digo: El que cree en mí, las obras que yo hago, él las hará también; y aun mayores hará, porque yo voy al Padre. Y todo lo que pidiereis al Padre en **mi nombre**, lo haré, para que el Padre sea glorificado en el Hijo. Si algo pidiereis **en mi nombre**, yo lo haré".* (Juan 14:12-14).

Nosotros somos los que debemos optar por mantener una postura agresiva para que la voluntad y los propósitos de Dios se establezcan en la tierra. Considera al rey David. En el Salmo 18:37, él declara: "Perseguí a mis enemigos y los alcancé, y no me volví hasta que fueron consumidos". Él no permitió que su enemigo ocupara ningún terreno. Cuando el Señor lo llevó a la guerra, David destruyó por completo a sus enemigos. Al igual que David, tú persigues a tu adversario con un propósito y lo haces al orar y declarar. No obstante, es posible que tu situación no cambie tan rápido como te gustaría. No te desanimes. Estás en camino. Algunas victorias son instantáneas, pero otras requieren una guerra completa que debe ganarse una batalla a la vez.

Con la autoridad de Cristo somos capaces de *desafiar* y *vencer* todo el poder del enemigo.

> *"He aquí os doy potestad de hollar serpientes y escorpiones, y sobre toda fuerza del enemigo, y nada os dañará"* (Lucas 10:19).

Jesús declaró que ni las mismísimas puertas del infierno prevalecerán cuando nos levantemos en la revelación de las personas que Él ha dicho que somos (Mateo 16:18). La misma unción que estaba sobre Jesús dándole poder para destruir las obras del diablo, está sobre *ti*. El mismo Espíritu Santo que estaba sobre Jesús, capacitándolo para predicar el evangelio con demostración de poder, también está con *ustedes*. Cuando a Jesús se le dio toda la autoridad en el cielo y en la tierra, Él se dio la vuelta y te la delegó a *ti*. Tú tienes la misma cantidad de autoridad que el Apóstol Pablo, que Billy Graham o que tu pastor. No corras tratando de que alguien más luche por ti. Ejerce *tu* autoridad. Juntos, como su cuerpo, no solo hemos recibido todo lo que necesitamos para ser libres de la opresión, sino que también tenemos el poder y la autoridad para liberar a otros.

Al decir estos versículos, confronta cualquier pasividad adoptando una postura desafiante. ¡Mantente firme! ¡Decreta con firmeza! ¡Guerrea en serio! A medida que estas verdades establezcan una nueva mentalidad, descenderán a tu ser y allí resonarán con la realidad de la autoridad que Jesús te dio. La autoridad no aumenta en un creyente. Ya es un trato hecho. La autoridad está en ti ahora mismo. Todos tenemos la misma cantidad de autoridad. La diferencia está en lo que *crees* sobre tu autoridad y lo que *haces* con ella. ¡Empecemos a adoptar una postura de autoridad!

ORA ANTES DE AJUSTAR TU POSTURA

Dios, ayúdame a ver la verdad de lo que estoy hablando. Dale vida a mis declaraciones y rompe con los patrones de pensamiento pasados que sean contrarios a tu verdad, en el nombre de Jesús.

AJUSTE DE POSTURA: PODER Y AUTORIDAD

A Jesús le ha sido dada toda autoridad en el cielo y en la tierra. (Mateo 28:18)

Jesús me dio poder y autoridad, su autoridad, para hacer su obra en la tierra. (Lucas 10:19)

Tengo autoridad. (Lucas 10:19)

¡Tengo autoridad para vencer todo poder del enemigo! (Lucas 10:19)

Las serpientes y los escorpiones son símbolos del poder demoníaco. (Lucas 10:19)

Pisoteo serpientes y escorpiones. (Lucas 10:19)

¡Nada me hará daño! (Lucas 10:19)

Estoy sentada en los lugares celestiales con Cristo Jesús, allí donde todas las cosas están bajo sus pies. (Efesios 2:6; 1:22)

Entiendo el reino del espíritu y opero en él. (Efesios 2:6)

Soy plenamente consciente de que los espíritus se someten a mí. (Lucas 10:20)

Pero no me alegro de que los espíritus se sometan a mí. Me regocijo de que mi nombre esté escrito en el Libro de la Vida del Cordero. (Lucas 10:20)

Sé y creo que tengo autoridad delegada y la uso. (Lucas 10:19)

No tengo espíritu de temor. (2 Timoteo 1:7)

Cuando llega el miedo, no proviene de Dios. (2 Timoteo 1:7)

¡Pisoteo al miedo! (Lucas 10:19)

¡Pisoteo la duda y la incredulidad! (Lucas 10:19)

¡Pisoteo la opresión demoníaca! (Lucas 10:19)

Tengo el espíritu de poder. (2 Timoteo 1:7)

Tengo el espíritu de amor. (2 Timoteo 1:7)

Tengo el espíritu de una mente sana. (2 Timoteo 1:7)

Me siguen señales milagrosas. (Marcos 16:17)

Echo fuera demonios. (Marcos 16:17)

Hablo nuevas lenguas. (Marcos 16:17)

Pongo mis manos sobre los enfermos y ellos se sanan. (Marcos 16:18)

Ninguna arma forjada contra mí prosperará. (Isaías 54:17)

Yo condeno toda lengua que se levanta en juicio contra mí. (Isaías 54:17)

¡El Dios de paz aplasta a Satanás bajo mis pies! (Romanos 16:20)

El Señor me ha convertido en una trilla nueva, afilada y con muchos dientes contra potestades demoníacas. (Isaías 42:15)

Trillo los montes que se interponen en mi camino y los aplasto. Reduzco las colinas a paja. (Isaías 42:15)

Mayor es el que está en mí que el que está en el mundo. (1 Juan 4:4)

Me someto a Dios. (Santiago 4:7)

Resisto al diablo. ¡Y él debe huir! (Santiago 4:7)

No le doy lugar al diablo. (Efesios 4:27)

Tomo posesión de lo que es mío. (Efesios 4:27)

Todo lo que ate en la tierra será atado en el cielo; todo lo que desate en la tierra será desatado en el cielo. (Mateo 18:18)

Ante el nombre de Jesús se doblará toda rodilla en el cielo y en la tierra. (Filipenses 2: 10)

El nombre de Jesús está por encima de cualquier otro nombre. (Filipenses 2: 9)

¡Yo oro en el nombre de Jesús! (Juan 14:14)

Hago oraciones de fe. Todo lo que pida en su nombre será hecho. (Juan 14:14)

Oro de acuerdo a tu Palabra. (Juan 15:7)

¡El Señor me permite confesar su Palabra con gran valentía! (Hechos 4:29)

¡La extraordinaria grandeza del poder de Dios está obrando en mí! ¡Aquí mismo! ¡Ahora! (Efesios 1:19-20)

¡El ministerio de Jesús está sobre mí! (Juan 14:12)

¡La autoridad de Jesús está sobre mí! (Efesios 1:20-23)

Sano a los quebrantados de corazón. (Lucas 4:18)

Proclamo libertad a los cautivos. (Lucas 4:18)

Traigo liberación a los oprimidos. (Lucas 4:18)

Me edifico en mi santísima fe orando en el Espíritu Santo. ¡Hurra! (Judas 20)

No soy pasiva. Imito a los que por la fe y la paciencia heredan las promesas de Dios. (Hebreos 6:12)

No fijo mis ojos en lo que se ve, sino en lo que no se ve. Lo que se ve es temporal; lo que no se ve es eterno. (2 Corintios 4:18)

Por fe le puedo decir a un problema insuperable: "Quítate y échate en el mar". (Marcos 11:23-24)

Mi corazón no duda. (Marcos 11:23-24)

La clave es la fe. (Marcos 11:23-24)

Cuando oro por cualquier cosa, creo que la recibo ¡y la obtendré! (Marcos 11:23-24)

¡Jesús desarmó a los principados y potestades e hizo de ellos un espectáculo público, triunfando sobre ellos en la cruz! (Colosenses 2:15)

A través de la iglesia, ¡es decir, a través de mí!, la multiforme sabiduría de Dios se les da a conocer a los gobernantes y autoridades en los lugares celestiales. (Efesios 3:10)

Les digo a las personas heridas y quebrantadas: No tengo plata ni oro, pero de lo que tengo te doy. ¡En el nombre de Jesús, levántate y camina! (Hechos 3:6)

¡Opero en poder y autoridad! (Lucas 10:19)

ACTIVACIONES DE IDENTIDAD: TU AUTORIDAD COMO CREYENTE

1. Cada tema de *Tu Verdadero Yo* aborda una promesa y presenta una enseñanza sobre cómo obtener dicha promesa. Cada vez que tomas una postura en la verdad de la Palabra de Dios, debilitas una fortaleza de pasividad y tu confianza en

la autoridad que tienes se edifica. La pasividad quiere que ignoremos la guerra espiritual, que dejemos a un lado nuestra espada y que nos olvidemos de nuestra autoridad. La pasividad se basa en la incredulidad. Necesitamos aprender a pelear batallas y a no huir de nuestro llamado y autoridad. Siente que en lo más profundo de tu ser hay una agitación que se incrementa. Escucha la voz suave y apacible que te recuerda quién eres en Cristo, animándote a entregarle su vida a Él. Así como recibiste a Jesús, camina en Él. Visualiza la grandeza que Dios ha puesto en ti y entra hasta el centro del cuadrilátero. Él te ha equipado para resistir las asechanzas del enemigo y para que te apoderes de toda tu herencia en Cristo Jesús. ¡Vamos! ¡Si lo quieres, eres muy capaz de obtenerlo! Declara los versículos de autoridad dos veces al día, por la mañana y por la noche. Establece una mentalidad de la autoridad de Dios que obra a través de tí.

2. Elige un versículo que te resulte difícil de creer. Pídele a Dios que te ayude a ver la mentira que te impidió creer la verdad. Recuerda que una mentira es una mentalidad equivocada a la que te has aferrado. Identifica la mentira. Tranquiliza tu corazón. Rompe verbalmente el acuerdo que has tenido con la mentira. Di: "Señor, siento haber creído en esa mentira. Me ha impedido creer en tu Palabra. ¡En el nombre de Jesús, rompo mi acuerdo con ella y le ordeno a cualquier espíritu demoníaco apegado a la mentira que me abandone ahora! ¡Declaro que la esclavitud se ha roto! De ahora en adelante, creo _____."
Escribe el versículo de nuevo con tus propias palabras.

Pídele a Dios que sane el lugar de tu corazón donde entró la mentira. Relájate. Sumérgete en la presencia de Dios. Acepta la verdad de que su autoridad y poder viven en ti ahora mismo. ¡Míralo! ¡Siéntelo!

3. Echa un vistazo a los versículos de esta sección. Elige uno que sea tu favorito y escríbelo. En esta activación, llevarás el versículo contigo en oración y estudio para que tengas una comprensión más profunda. Cada versículo viene acompañado por capas interminables de revelación. Pregúntale a Dios sobre ese pasaje. Pídele que abra los ojos de tu corazón para que tengas un mejor entendimiento. Pídele el Espíritu de sabiduría y revelación acerca del versículo.

   Busca el versículo en varias traducciones y escríbelo. Busca también palabras clave en el versículo. Escribe las definiciones. Ahora parafrasea el versículo en lenguaje cotidiano. Escribe tu versículo parafraseándolo en primera persona.

   ¿Recibiste revelación adicional al seguir orando y estudiando el versículo?

4. Lee los versículos del primer capítulo. Ahora, con esta nueva postura de autoridad, abórdalos. Tomar autoridad sobre las mentalidades equivocadas con el conocimiento que recién adquiriste acerca de tu autoridad alterará la forma en que interactúa con tales versículos. ¿Cuál es la diferencia que percibes al declarar los versículos sobre tu vida mental?

5. Cuando investigues dos palabras griegas correspondiente a poder y autoridad, vas a ampliar tu comprensión: *Dunamis* (Strong's 1411) y *exousia* (Strong's 1849). Busca estas palabras en libros de referencia y en internet. ¿Cómo se usan estas palabras? ¿Qué ideas te da esta investigación con respecto al poder y la autoridad?

ORACIÓN: TU AUTORIDAD EN CRISTO

Padre,

A Jesús se le dio toda la autoridad, y Él me la ha delegado. ¡Qué regalo tan increíble! No me asusto de lo que me has dado. Vivo mi vida en poder y autoridad. Perdóname por las veces que he sido pasivo. En el nombre de Jesús, ahora mismo quito de mí todo espíritu pasivo. Mi fe no está conectada con mis sentimientos; mi fe está alineada con mi autoridad. Tu poder y autoridad residen en mí. ¡Estoy agradecido por eso! ¡Soy plenamente consciente de ello! ¡Opero en poder y autoridad!

Amén.

PALABRA CELESTIAL

Amados, toda autoridad en el cielo y en la tierra le ha sido dada a mi Hijo. Ustedes están ligados a Mi Hijo, y su autoridad obra a través de ti. En la tierra, tus manos son sus manos. Cuando hables, pídele que llene tu boca. Él lo hará. Las señales te acompañarán. Expulsarás demonios, hablarás en nuevas lenguas, impondrás las manos sobre los enfermos y ellos se sanarán. Ve y haz discípulos en todas las naciones, bautizándolos en el nombre del Padre y del Hijo y del Espíritu Santo, y enséñales a obedecer todo lo que Jesús te ha mandado. Y ciertamente estaré con ustedes siempre, hasta el fin del mundo. Te amo, amado. La victoria ya es tuya.

MATEO 28:18-20; LUCAS 10:19; MARCOS 16:15-20

¿Quién es el que vence al mundo, sino el que cree que Jesús es el Hijo de Dios?

1 JUAN 5:5

10

CREADO PARA VENCER

Superar: conquistar, prevalecer, salir victorioso.

Dios no te llamaría a ser un vencedor si no hubiera nada que vencer. En esta vida te vas a encontrar con obstáculos de todo tipo. Si disciernes cada situación desde un punto de vista del reino celestial, tus obstáculos insuperables se verán muy diferentes. Bajo la sombra del Todopoderoso, se ponen en perspectiva. No tienen poder para derrotarte. Pon tu mente a ver las cosas desde la perspectiva de Dios. Tu Papá celestial dice que la victoria ya es tuya. Lucha al revés. No luches hacia la victoria, lucha *desde la* victoria. Estás completamente equipado con todo lo que necesitas para vencer. ¡Fuiste *creado* para ser una vencedoro!

Tal vez no te veas a ti mismo como un vencedor y tengas una lista de razones por las que no calificas. Bueno, te guste o no, Dios no solo dice que estás llamado a ser un vencedor, sino que también dice que ya lo *eres*. ¿Por qué? Por el simple hecho de que crees *que* Jesús es el Hijo de Dios y que Él murió en tu lugar para reconciliarte con Dios. 1 Juan 5:5 dice: "¿Quién es el que vence al mundo? Solo el que cree que Jesús es el Hijo de Dios". Nuestra parte es *elegir* la postura de un vencedor y *creerle a* Dios. Decídete a verte a tí mismo a través de los ojos de Dios. Él te proclama vencedor incluso *antes de* que venzas algo. Gedeón es un gran ejemplo.

Cuando Gedeón estaba escondido y acobardado en el lagar, Dios lo llamó: "Gedeón, guerrero valiente". (Jueces 6:12, NVI). ¿Gedeón, un hombre valeroso y valiente? Además de actuar como un cobarde, Gedeón tenía una lista de razones por las que no era un hombre valiente o poderoso. Sacó esas credenciales que tanto había repasado cuando el ángel del Señor se dirigió a él. Era del clan más débil. ¡Y también era el cobarde más grande de su clan! "Pero, señor –objetó Gedeón–¿cómo voy a salvar a Israel? Mi clan es el más débil de la tribu de Manasés, y yo soy el más insignificante de mi familia" (Jueces 6:12, NVI). Dios, sin embargo, vio a Gedeón en su futuro. Lo vio como un poderoso guerrero. Contigo pasa igual. Aunque no te veas como un campeón, Dios te ve en tu futuro, y no en un tiempo lineal. En un capítulo anterior, notamos que Dios te ve en el eterno ahora. Él te ve en tu futuro. Me encanta la canción de Kim Clement que dice: "¡Estás en algún lugar en el futuro y te ves mucho mejor de lo que te ves ahora!". Tu futuro está en ti ahora mismo. Dios lo ha decretado. Él ve todo tu ser. El ADN de un campeón ya se ha descargado en ti.

Cuando tengo una gran montaña frente a mí, la historia de Josué me fortalece. Dios animó a Josué antes de que guiara a los israelitas hasta la Tierra Prometida:

> *¡Sé fuerte y valiente! ¡No tengas miedo ni te desanimes! Porque el Señor tu Dios te acompañará dondequiera que vayas* (Josué 1:9 NVI).

A través de esta palabra que le dio a Josué, Dios también nos está hablando a nosotros para que seamos fuertes y valientes. Nuestra fuerza y valentía se centran en la presencia permanente de Jesús. Él va delante de nosotros como un poderoso gigante, abriendo el camino para que venzamos la oposición. Su gloria es nuestra retaguardia (Isaías 58:8). Cada día tienes la oportunidad de comprender otra promesa y de conquistar otra porción de tu Tierra Prometida. Cada victoria que ganas se convierte en más territorio, más promesas por poseer. Cada vez que superas la oposición, lo que te era contrario pierde su poder y ya no tiene jurisdicción sobre ti. ¡Lo que superas, lo posees!

Lo que declaramos con nuestra boca marca toda la diferencia.

> *Y lo vencieron [al diablo] por la sangre del Cordero y por la **palabra del testimonio de ellos**, y no amaron tanto su vida como para evitar la muerte* (Apocalipsis 12:11 NVI).

¡Las palabras que dices importan! Tú vences por la *palabra* de tu testimonio. Ahora sabes que Dios te ve como un vencedor y que te dice vencedor. Al adoptar una postura, vas a decir lo que Él ha ordenado, así de simple. ¡Hoy nos posicionamos como vencedores!

ORA ANTES DE AJUSTAR TU POSTURA

Dios, ayúdame a ver la verdad de lo que estoy hablando. Dale vida a mis declaraciones y en el nombre de Jesús, rompe con los patrones de pensamiento pasados que sean contrarios a tu verdad.

AJUSTE DE POSTURA: POSICIONADA COMO VENCEDORA

¡Soy una vencedora porque creo que Jesús es el Hijo de Dios! (1 Juan 5:5)

Por la sangre del Cordero y por la palabra de mi testimonio, venzo las obras demoníacas. (Apocalipsis 12:11)

¡Señor, tu sangre abrió el camino para que yo sea una vencedora! (Apocalipsis 12:11)

Yo venzo por la confesión de mi boca. Eso significa que declaro con osadía quién es Dios, la persona que Él dice que soy y lo que ha hecho por mí. (Romanos 10:9)

¡Con valentía declaro que Dios es fiel conmigo! (Lamentaciones 3:23)

¡Declaro con valentía que Dios me ama de manera escandalosa! (Jeremías 31:3)

Declaro con osadía que Él está conmigo y que me conduce en medio de cada prueba, cada lugar difícil y cada dolor que haya en mi corazón. (2 Corintios 9:8)

Declaro con valentía que a través de mi vida multitudes llegarán al Reino de Dios. (Mateo 4:19)

Declaro con osadía que estoy inundada de compasión. (Col. 3:12)

Declaro con valentía que a través de mí fluye el amor sobrenatural. (Romanos 5:5)

Declaro con osadía que soy implacable en mi búsqueda de Dios. (Salmo 105:4)

Declaro con valentía que a menudo me retiro a lugares solitarios para orar. (Salmo 105:4)

Declaro con osadía que soy una guerrera. (Lucas 10:19)

¡Declaro con valentía que vencí el reino demoníaco! ¡Gracias a Cristo, no tengo miedo! La muerte no reina sobre mí. (Hebreos 2:14-15)

A través de Cristo, hago retroceder los poderes demoníacos y pisoteo las fuerzas demoníacas. (Sal. 44:5)

Persigo a mis enemigos y los alcanzo; no retrocederé hasta que sean demolidas las fortalezas que se oponen a Dios. (Sal. 18:37)

¡Mi fe es la razón de mi victoria! (1 Juan 5:4)

No perderé la esperanza. ¡Dios me proporciona de manera abundante toda la fe que necesito para la victoria! (Romanos 15:13)

¡La victoria ya es mía! ¡Lucho desde el lugar de la victoria! (Romanos 15:13)

¡El mismo espíritu de fe en el que caminó Cristo Jesús y que lo resucitó de entre los muertos, vive en mí! (2 Corintios 4:11-14)

Me deshago de todo lo que estorba y del pecado que enreda con tanta facilidad. (Hebreos 12:1)

Corro con perseverancia la carrera que se me trazó. (Hebreos 12:1)

Pongo mis ojos en Jesús, el autor y consumador de mi fe. (Hebreos 12:2)

¡Él corrió esta carrera, y yo entreno con Él! (Hebreos 12:2)

Pienso en Jesús y en la manera en que soportó tanta hostilidad y así no me canso ni me desanimo ante todas mis pruebas. (Hebreos 12:3)

La Verdad me santifica. (Juan 17:17)

Soy nacida de Dios, y soy victoriosa en los caminos del mundo. (1 Juan 5:4)

Todo lo puedo en Cristo que me fortalece. (Filipenses 4:13)

Mi mente no está enfocada en los deseos de la carne; mi mente está puesta en lo que el Espíritu desea. (Romanos 8:5)

Cuando pongo mi mano en el arado, yo no miro atrás. (Lucas 9:62)

No me conformo al mundo, sino que soy transformada por la renovación de mi mente. (Romanos 12:2)

Soy una vencedora tanto a nivel físico como espiritual. Dios perdona todos mis pecados y sana todas mis enfermedades. (Sal. 103:3)

El mal no me vence. Yo venzo el mal con el bien. (Romanos 12:21)

El Espíritu Santo intercede por mí, orando por mí según la voluntad de Dios con gemidos que las palabras no pueden expresar. Me rindo a su voluntad. (Romanos 8:26-27)

Se me concedió autoridad para hollar serpientes y escorpiones y para vencer todo el poder del enemigo; ¡nada me va a hacer daño! (Lucas 10:19)

¡Gracias a que Cristo que me ama, soy más que vencedora en medio de problemas, penalidades, persecución o hambre! (Romanos 8:37)

¡Soy una vencedora en mi vida mental! (2 Corintios 10:5)

¡Vivo mi verdadera identidad en victoria! (2 Corintios 5:17)

Jesús escribirá sobre mí el nombre de Dios, el nombre de la ciudad de Dios y su nombre nuevo. ¡Le pertenezco a Dios y Él me ha reclamado como su posesión por completo! (Apocalipsis 3:12)

Soy una vencedora, y se me concederá el derecho de comer del árbol de la vida. (Apocalipsis 2:7)

Soy una vencedora, y recibiré del Señor maná escondido. Recibiré una piedra blanca con un nombre nuevo escrito en ella. (Apocalipsis 2:17)

Soy una vencedora, y se me concederá autoridad sobre las naciones. (Apocalipsis 2:26)

Soy una vencedora, y se me dará la corona de la vida. (Apocalipsis 2:10)

Soy una vencedora, y mi nombre nunca será borrado del Libro de la Vida. (Apocalipsis 3:5)

Soy una vencedora, y seré un pilar en el templo de mi Dios. (Apocalipsis 3:12)

Soy una vencedora, y se me concederá el derecho de sentarme con Jesús en su trono. (Apocalipsis 3:21)

Soy una vencedora. Tengo una herencia eterna. Recibiré todo lo que Él tiene. Siempre seré una hija de Dios. (Apocalipsis 21:7)

¡Soy una vencedora! ¡Soy una vencedora! ¡Soy una vencedora! (1 Juan 5:5)

ACTIVACIONES DE IDENTIDAD: ACTIVA AL VENCEDOR QUE HAY EN TI

1. Declararse vencedor es poderoso. El diablo no quiere que pienses así. Él viene a robar tu verdadera identidad y a destruirla. Tienes que luchar por ella. Tienes que ser como Jesús y decir: "¡Escrito está!". ¡Admite que hay una guerra en marcha! Tienes que luchar para cambiar tu forma de pensar y posicionarte como un vencedor. Vendrán pruebas y dificultades. ¡Debes *creer* en la verdad vital sobre tu identidad y en tu condición de vencedor! ¡Debes conquistar esta tierra! Te hablo como una madre en la fe. No te preguntes si lo vas a lograr, si puedes vencer. *¡Ten la certeza y cree* que has sido investido con el poder de Dios para vencer! Como reconfigurar tu mentalidad y creer que eres un vencedor puede tomar tiempo, esta activación es imperativa. Declara estos versículos dos veces al día. ¡Lucha hoy!

2. Las pruebas son difíciles. A veces nos preguntamos cómo las vamos a superar. Tal vez el final no está a la vista. Y esa es precisamente la razón por la cual es vital que nos *veamos* como vencedores. Elige un versículo de esta sección que se te haya dificultado leer. Es probable que se deba a que te creíste una mentira sobre ti mismo y has dudado de la Palabra de Dios. Puedes ser libre ahora mismo. Primero, pídele a Dios que te ayude a ver la mentira que te impidió creer en la verdad. Identifica la mentira. Tranquiliza tu corazón. Pídele a Dios que te perdone por creer dicha mentira. Rompe verbalmente el acuerdo que has tenido con la mentira. Di: "Señor, siento haber creído en esa mentira. Me impidió creer en Tu Palabra. ¡En el nombre de Jesús, rompo mi acuerdo con esa mentira y le ordeno a cualquier espíritu demoníaco que esté ligado a ella que me abandone ahora! ¡Declaro que la esclavitud está rota! Señor, sana el lugar de mi corazón que está herido por causa de la mentira que entró allí. De ahora en adelante, creo _____." Escribe el versículo de nuevo con tus propias palabras. Relájate. Sumérgete en la presencia de Dios, al aceptar la verdad absoluta de que eres un vencedor. Lo lograrás. Culminarás la carrera y terminarás bien. Eres un vencedor.

3. La próxima activación es un concepto que obtuve del líder de adoración Jake Hamilton. Medita en el versículo inicial de este capítulo (1 Juan 5:5). Si te tomas tu tiempo con esto, comenzarás a insertar en tu corazón la revelación de este versículo. El proceso de que un versículo pase de tu cabeza a tu corazón puede tomar tiempo. Así que tómate tu tiempo y disfruta del proceso. Dios ama pasar tiempo contigo. Y a decir verdad, eso va mucho más allá de la superficie de las palabras que están escritas en una página.

Comienza por escribir el versículo en la parte superior de una página en blanco. Habla lentamente en voz alta y reflexiona sobre cada palabra. Piensa que estás haciendo esto con Dios.

Luego, escríbelo de manera creativa. Haz dibujos, garabatos e interactúa con el versículo. Trata de decir el pasaje una y otra vez, enfatizando en diferentes palabras.

Explora cantándolo. Pasa tiempo cantándolo, ya sea que creas que puedes cantar o que no. Tú le agradas a Dios y a Él le gusta que cantes su Palabra. Sé creativa hasta el punto de ¡danzar

Por último, ora. Indaga sobre el versículo en oración.

4. ¿A qué obstáculo te enfrentas? Pídele al Espíritu Santo que te ayude a completar la siguiente frase: En este momento de mi vida, para poder seguir adelante, debo vencer _____.

Pídele al Espíritu Santo que te muestre cuál es tu próximo paso para vencer. Planifica y da el primer paso para superar este obstáculo en específico. Puedes pedirle a un amigo cercano (que sea una influencia positiva) que te ayude a hacerte responsable de dicha acción y de lo que viene de aquí en adelante.

5. Dios te está llamando como llamó a Gedeón. Puede que te estés escondiendo en medio de tu propio lagar. Pero Dios te está llamando y te dice que eres una persona valiente. Pídele al Espíritu Santo que te muestre cómo luces como un vencedor. Toma la imagen que Él te dé y dibújala. Dibuja tu propia imagen de manera muy creativa y refleja lo que eres como vencedor. Este es un acto profético. Por medio de un dibujo, estás activando al vencedor que está en ti.

ORACIÓN: SER UN VENCEDOR

Dios,

No importa lo que enfrente en la vida, ¡soy un vencedor! Me *posiciono* como tal. Me *veo* como un vencedor. Nada me va a sacar del juego de manera prematura. Me posiciono de manera perseverante. No me rendiré ni retrocederé. ¡Prevalezco por medio de tu gracia y fuerza! ¡Señor, haz a través de mí muchísimo más de lo que puedo pedir o imaginar! En el nombre poderoso de Jesús.

Amén.

PALABRA CELESTIAL

Amados, Yo soy el Alfa y la Omega, el Principio y el Fin. Yo sé todas las cosas. Veo todas las cosas. Soy tu Gran Proveedor y te he dado todo lo que necesitas para ser como mi Hijo. Eres *un* vencedor. El que venza heredará mucho de mí. Sube aquí y mira hacia abajo desde donde estás sentado en mis reinos celestiales. La vista es diferente desde aquí arriba. Acoge mi perspectiva. Vive con base en tu verdadera identidad.

APOCALIPSIS 21:6-7; EFESIOS 2:6

DIOS TE VE AHORA MISMO DE ESTAS 31 MANERAS

La mayoría de las personas se ven a sí mismas a través de los ojos del mundo. ¿No te encantaría saber cómo te ve Dios? Puedes averiguarlo. Al darle un vistazo a las Escrituras del Antiguo y del Nuevo Testamento puedes aprender lo que Dios piensa realmente de ti. Puedes descubrir lo que Él siente por ti, lo que dice sobre tu futuro y sobre todas las cualidades que ve en ti. Puede que tú no las veas, pero Él sí. Acepta la forma en que Dios te ve; acoge sus pensamientos hacia ti. La visión que Dios tiene de ti es inmutable. Él te ama más allá de lo que puedes imaginar. ¡Él quiere que te sientas bien contigo mismo!

Mientras lees esta lista, declara las palabras en voz baja para ti mismo. Aunque es posible que no veas estas cualidades en tu vida ahora, ellas residen dentro de ti. ¡Tu alma se está poniendo de acuerdo con el cielo!

En este momento, Dios te ve:

1. Impecable y hermosa.
2. Como alguien que habla con una voz que hace temblar los cielos.
3. Llena y rebosante de amor líquido.
4. Como alguien que se mueve con gran sabiduría, capaz de discernir entre el bien y el mal.
5. Escandalosamente amada.
6. Totalmente aceptada.

7. Completamente perdonada.
8. Justa.
9. Heredera—vienes ante su presencia con libertad.
10. Como una amante y una guerrera.
11. Como una vencedora.
12. Como alguien sana y completa.
13. Como alguien que gobierna y reina con Él.
14. Sentada en lugares celestiales.
15. Como una novia que ríe: ¡se ríe del miedo, no le teme a nada!
16. Como una novia compasiva.
17. Pura: tu rostro brilla con su gloria.
18. Como alguien con ojos penetrantes: te mueves con autoridad.
19. Como un ser sobrenatural—ejecutas actos sobrenaturales en el mundo natural.
20. Alguien que sueña con Él.
21. Alguien que se balancea, se doblega, cede, se mueve por el viento del Espíritu.
22. Alguien que posee una tranquila confianza.
23. Audaz como una leona.
24. Una amiga profundamente íntima.
25. Alguien que confía en su Palabra, no en las circunstancias.
26. Una amante fiel.
27. Una adoradora.
28. Como alguien que baila con Él a través del universo.
29. Como alguien que no carga consigo ninguna ofensa.
30. Totalmente congruente pues tus pensamientos internos profundos están alineados con el cielo.
31. Como alguien que vive con mucha gracia y favor.

Cada una de estas características es cierta con respecto a ti. Dios te creó de tal manera que con el tiempo estas cualidades afloren en tu vida. Tú estás en un proceso de transformación, y cada característica crece y se manifiesta en ti de manera gradual. No solo representan una imagen precisa de quién eres, sino que cada una de ellas es alentadora. Intenta pararte frente al espejo y dilas en voz alta. Señálate y di: "Dios te ve como…". Y aborda la lista anterior. Créeme, te sentirás como una persona nueva.

ACERCA DE LINDA

Linda Breitman, es madre espiritual, mentora y autora de *Identidad Extraordinaria: Descubriendo Tu Travesía Secreta*, es ministra ordenada y conferencista internacional. Ha sido invitada destacada en el Club 700 y en numerosos programas de radio y televisión. Linda creció en San José y ha vivido en todo el noroeste de los Estados Unidos. Ella y su esposo se establecieron en el condado de San Diego (California) en 1998. Desde entonces, Linda ha desarrollado un programa de tutoría intensificado con personas que se gradúan y que se han convertido en exitosos padres, dueños de negocios, líderes ministeriales y misioneros. Hoy en día, Linda realiza Escuelas de Capacitación de Intercesión Profética, Seminarios de Activación de Mujeres Peligrosas y Cursos sobre la Verdadera Identidad. Le apasiona ver a hombres y mujeres levantarse en la identidad que Dios les ha dado, totalmente equipados para impactar a las naciones con una mente renovada y con un estilo de vida sobrenatural.

Para conocer más sobre Linda Breitman, visita www.lindabreitman.com

Encuentra a Linda:
Agrégala en Facebook: Facebook.com/Linda.Breitman
Twitter.com/LindaBreitman
Tuitea a Linda @LindaBreitman

TU VERDADERO YO
CREE EN TU VERDADERA IDENTIDAD
CURRÍCULO COMPLETO
¡Conoce lo que Dios dice de ti, cree en lo que dice y actívalo!

Consta de seis componentes poderosos:

- Libro – *Tu Verdadero Yo*
    - o Testimonios, Oraciones, Activaciones y versículos que te ayudan a creen en tu verdadera identidad.
- Manual de Activación – *Tu Verdadero Yo*
    - o Preguntas, ejercicios y activaciones para ayudarte a profundizar en el tema.
- Versículos de Posicionamiento – *Tu Verdadero Yo (disponible en CD en inglés)*
    - o Escucha versículos de identidad mientras estás en tu automóvil, usas tu celular o mientras estás en casa, gracias a este material complementario, leído en voz alta por Linda Breitman.
- DVD de enseñanza – *Tu Verdadero Yo*
    - o DVD (3 unidades): Linda Breitman te comparte una enseñanza de 11 videos (aprox. 15 minutos cada uno) para ampliar el contenido de cada capítulo del libro. (Disponible en inglés)
- Guía para líderes (DVD) – *Tu Verdadero Yo* (Disponible en inglés)
    - o Cómo dirigir este estudio: 11 videos para ayudar a los líderes a ser creativos al dirigir este estudio. Perfecto para grupos pequeños y escuelas de ministerio.
- CD de música instrumental para sumergirse en la identidad profética
    - o CD de inmersión profética con Linda Breitman.

Para hacer tus pedidos por internet o para obtener más información, por favor visita:
www.LindaBreitman.com